HUANGHOUJIANG JIAO YUWEN

黄厚江教语文

ZHONGXUE JUAN

（中学卷）

黄厚江　著

语文出版社
·北京·

图书在版编目（ＣＩＰ）数据

黄厚江教语文．中学卷 / 黄厚江著． -- 北京 ：语
文出版社，2015.7（2023.2重印）
ISBN 978-7-5187-0177-3

Ⅰ．①黄…　Ⅱ．①黄…　Ⅲ．①中学语文课－教学研究
Ⅳ．①G633.302

中国版本图书馆CIP数据核字(2015)第160551号

责任编辑	李世江　叶　鹏	
装帧设计	郑　毅	
出　　版	语文出版社	
地　　址	北京市东城区朝阳门内南小街51号　　100010	
电子信箱	ywcbsywp@163.com	
排　　版	北京科教创新书刊社有限公司	
印刷装订	保定市正大印刷有限公司	
发　　行	语文出版社　新华书店经销	
规　　格	787mm×1092mm	
开　　本	1 / 16	
印　　张	18	
字　　数	223千字	
版　　次	2015年9月第1版	
印　　次	2023年2月第4次印刷	
印　　数	8,001～13,000	
定　　价	35.00元	

📞 010-65253954(咨询) 010-65251033(购书) 010-65250075(印装质量)

国家宣传文化发展专项资金项目

目录

● 现代文教学

《孔乙己》教学实录
　　——抓住小说的"把手"读小说 /3
《给我的孩子们》教学实录
　　——让文本成为"孩子们"思想的沃土 /18
《葡萄月令》教学实录
　　——品味别样的语言"葡萄" /36
《老王》教学实录
　　——走进作者"愧怍"的心 /53
《装在套子里的人》教学实录
　　——让人物从"套子里"走出来 /75

● 古诗文教学

《黔之驴》教学实录
　　——把一篇寓言读成几个故事 /93
《白雪歌送武判官归京》教学实录
　　——在言意共生中还原诗歌形象 /112
《阿房宫赋》教学实录
　　——在文本的世界中往来穿梭 /132

《谏太宗十思疏》教学实录

　　——让差异成为课堂的"酵母" /153

《蜀道难》教学实录

　　——在多样的诵读中体悟诗歌的艺术 /172

作文教学

《写出人物的个性》教学实录

　　——"我"是最好的教学资源 /193

《记叙文故事情节的展开》教学实录

　　——带着学生一起写故事 /211

《一则材料的多种使用》教学实录

　　——和学生一起体验写作过程 /230

《写出特别之处背后的故事》教学实录

　　——和名家一起写作文 /248

《一万个人眼中一万种风》作文评讲课堂实录

　　——让学生的习作在评讲中"再生" /269

现代文教学

《孔乙己》教学实录

——抓住小说的"把手"读小说

1. 阅读交流

师：今天我们一起来学习鲁迅先生的小说《孔乙己》(板书课题、作者)。同学们读过《孔乙己》之后，孔乙己这个人物给你留下的最深印象是什么？

生：青白脸色。

师：对。不劳动，营养又不良，这是肖像描写。

生：穿着长衫。

师：是读书人的身份标志，这也是肖像描写。

生：只有孔乙己到了，才可以笑几声。

师：是的。这是一句耐人寻味的话，但这不是对人物的直接描写。

生：他的话是文绉绉的语言。

师：能具体说说吗？

生："多乎哉，不多也。"

生："窃书不为偷书。"

生："君子固穷。"

师：是的。这些话是经典的语言描写，已成为"名言"。鲁迅先生对孔乙己的语言描写非常精彩。你们有没有注意作者对孔乙己哪一方面的描写最多？

生：肖像。

生：笑声。

师：作者写了孔乙己的笑声吗？孔乙己笑了吗？

生：没有。笑声是酒店里其他人的。

师：对。在这个环境中孔乙己是笑不出来的。

生：语言。

师：是有好几处语言描写，但并不是次数最多的。老师在读这篇小说时，印象最深刻的是鲁迅先生对孔乙己手的描写。下面我们分工找一找小说中哪些地方写了孔乙己的手，有几处，看是不是描写次数最多的。

（分为两大组：一组找第4节到第9节，另一组找第10节到文末，顺便理清小说的结构。）

2. 读"手"品"手"

（学生交流）

生：第4节"便排出九文大钱"的"排"。

生：第7节"孔乙己显出极高兴的样子，将两个指头的长指甲敲着柜台"中的"敲"，这段的后面还有"孔乙己刚用指甲蘸了酒"的"蘸"。他有"长指甲"，可见他不修边幅，很懒惰。

师：很好。找得很细致，分析也很有深度，还有吗？

生：第8节"孔乙己着了慌，伸开五指将碟子罩住"中的"伸"和"罩"。

生：第11节"他从破衣袋里摸出四文大钱，放在我手里，见他满手是泥，原来他便用这手走来的。不一会，他喝完酒，便又在旁人的说笑声中，坐着用这手慢慢走去了。"这段话中的"摸""走"。

师：找得很好。能说说小说是从哪些方面写孔乙己的手的吗？

生：动作还有样子。

师：样子？

生：是外形。

师：对，外形，或者说是形状（板书：外形、动作）。文中对手的动作描写最为突出，大家看看哪个动作最能表现孔乙己的性格？

生："排"。在被嘲笑的环境下，为了证明自己的清白，他故意将钱"排"出来。

师：理解得很好，能结合人物的处境来分析。不过，这里另一个因素也应该引起我们的注意，他跟哪些人在一起喝酒啊？

生：短衣帮。

师：对的。这些人都是没有钱的，孔乙己能买茴香豆下酒已经远远超过他们了，所以这个"排"还有炫耀得意的心理。还有哪些动词？

生："敲"和"罩"。可以看出孔乙己的自傲与贫穷。"敲"说明他神气十足，但当孩子还要他的茴香豆吃时，他没有钱多买，就只能慌慌张张地伸出大手"罩"住了。这两个动词前后对比很鲜明，突出他自命清高、迂腐可笑的性格。

师：这位同学的思路非常好，值得大家学习。他能将两个词语联系起来分析，前后进行比较，准确把握住了人物的性格，自命清高又善良迂腐。还有哪两个动词也可以联系起来看？

生："排"和"摸"。

师：为什么？

生：因为这里有一个前后的变化与反差，由前面"排"的自命清高到后面"摸"的自感卑贱的转变。

师：很好，这两个动词体现了人物处境的前后落差。你们觉得最能表现人物命运的是哪一个动词？

生（齐）："走"。

师：为什么呢？

生：人们都是用脚走，而孔乙己用手走，说明了他命运的悲惨。

生：他偷东西被打折了腿，在人们的嘲笑中"走"下场，说明他社会地位非常低。

师：很好。用手"走"，是一个畸形的动作，一个畸形的动作，表现了一个畸形人物不幸的命运。能不能把"走"换成"爬"呢？

生：不能，因为孔乙己是要强的。

师：是"要强"吗？能不能换一个更准确的说法？

生：死要面子。

师：对。两种说法意思相近，但有差别。我们继续推敲这个"走"字，老师查过词典，"爬"是手、脚并用向前移动（画简笔画，图示爬的动作），爬的时候身子是趴下的。孔乙己坐着用手走，他的身子是不是趴下的呢？

生：是挺着的。

师：是的，强调"走"而不是"爬"，正是写出他在努力挺直身子。我们能由这个动作看到他的内心世界吗？

生：他内心还要表现作为读书人的清高。

师：很好。腿不能动了，照应前面打折了腿的情节，试图直着身子表现出一点可怜的尊严。小说是作者的创作成果，我们读小说也是一个再创作的过程。文中写了这么多处的"手"，其实有些地方也还是可以写

"手"的,而作者并没有写。你们能找出这些地方,来一次再创作,补写出一两句,并能说说自己为什么这样写吗?

(生读书、思考并动手补写)

3. 想象写"手"

(学生交流)

生:第7节,最后"他伸出手来准备画点什么,但见我毫不热心,又停在了空中,然后无奈地放下,便又叹了一口气,显出极惋惜的样子"。表现他对"我"不愿意看他写字的失望之情。

生:第6节,在"孔乙己立刻显出颓唐不安模样,脸上笼上了一层灰色"后面加上"双手用长指甲在桌子上捆来捆去",表现他受人嘲笑后的尴尬。

(有学生笑)

师:这有点像小孩子的动作。大家注意,我们的补写应该有两个要求:一是能表现人物性格,二是能契合上下文。刚才几位同学总体都补得不错。

生:第4节,写他走进酒店的时候"两手放在背后踱进酒店"。这说明他自命清高,自己觉得高人一等。

师:那就是"踱进"酒店了。可孔乙己是不是顾客中最有钱的呢?

生:不是。穿长衫并且坐着喝酒的才是最有钱的。

生:第4节,在"孔乙己睁大眼睛说"后面加上"紧紧攥着拳头",表现他的愤怒。

师:有意思。可是孔乙己愤怒的时候会"紧紧攥着拳头"吗?大家一起改一改。

生：挥舞着双手。

师：是好多了，但好像和身份还不是很吻合。

生：颤抖着双手——不对，是双手颤抖着。

师：很好。就是要学会这样的推敲。

生：第8节"孔乙己用长长的手指夹起一粒茴香豆十分小心地分给小孩子们"，表现他的贫穷，既要分豆，又没有多的豆给孩子们，因而既表现他的善良，又表现他的寒酸。

师：同学们主要是通过想象写孔乙己手的动作。总体不错，既能表现性格，也切合身份，而且能根据具体的语境。其实我们也可以写手的形状，作者只是说"长指甲"，其他没有写。大家可以想象一下孔乙己手的形状应该是什么样的。

生：又大又厚。

师：为什么呢？

生：给人家抄书。

师：抄书会使手大而厚吗？黄老师也经常读书写字，手是不是大而厚呢？想一想什么人的手才会大而厚？

生：劳动的人。

师：对。那么读书人的手呢？孔乙己的手呢？

生：又长又白。

生：手指细长。

师：我也觉得是这样。可是后来用手走路的时候，手还是这样吗？

生：白白的手上都是老茧。

师：还是白白的吗？（同学笑）

生：又黑又脏的手上都是老茧。

师：又黑又脏能看见老茧吗？

生：手又黑又脏，手指就像鸡爪。

师：有想象力。同学们，这都是在读小说中发挥想象，在想象中重新创作。这样可以加深对人物的理解，对培养文学素养很有好处。读小说就要这样。文中可以补写的地方确实还有很多，我们当然不能一一补写。下面我们全班同学一起想象，集体补写一处。大家还记得小说最后一句话吗？

生（齐读）："大约孔乙己的确死了。"

师：这句话中"大约"和"的确"是不是矛盾？

生：不矛盾，"大约"说明这里没人亲眼见到，只是推测他是死了；但从他最后出场的情况和他很久没露面可以确定他死了，所以说"的确"。

师：这位同学对课文的把握很全面、很准确。鲁迅先生根据那个社会环境，断定孔乙己是必死无疑的，但又没有人能亲眼看到，所以才这么说。——现在，假设我们看到了孔乙己的死，你觉得会是一个什么情景？请大家写一段话描述一下你想象的情景，还有一个苛刻的要求，必须写孔乙己的手。

生：孔乙己斜靠在墙角，两脚平伸着，双手撑在满是泥泞的地上，背还直直地挺着。

师：为什么强调"双手撑在满是泥泞的地上，背还直直地挺着"？

生：因为他不想承认自己的虚弱，要保持自己的尊严。

师：嗯，他临死还想保留那份自尊，是吧？不过有点像一个英雄形象。

生：冬日已至，寒风凛冽，孔乙己垂下了他那长指甲的满是泥巴的大手，悲惨地死去。

师："垂下了他那长指甲的满是泥巴的大手"，描写不够具体准确。为什么是"冬日"？

生：因为课文里写他最后一次离开酒店已经是深秋了。

师：从课文中找依据，非常好。

生：孔乙己歪倒在墙角，两条腿不规则地伸在地上，两只手都失去了原来的样子，简直已不能称作是手了。

师："两条腿不规则地伸在地上"是什么样子呢？"不能称作是手了"又是什么样子呢？可以换用描述性的语言吗？

生：两条腿散了架似的瘫软在地上，两只手也像是折断的树枝，无力地垂了下来。

师：刚才几个同学的想象不错。下面我们来集体想象一下孔乙己死的情景。首先，应该是什么季节？

生：冬天。

师：为什么是冬天？

生：课文里有"一天比一天冷了"。

师：什么时间？早上还是晚上？

生：夜里。

师：对，夜里好。没吃没喝、身体不好的人在冬天的寒夜里很容易死去。什么地点？

生：街上。

生：酒店门口。

师：在街上，在酒店门口，人们会不知道？

生：在村外的破庙里。

师：再为他的手里安排两个道具才好。一只手里是——

生：是碗，因为他要要饭，还想喝酒。

师：有道理。另一只手里呢？

生：一根竹竿。

师：当然不错，因为已经沦为乞丐了。有没有更好的方案？

生：一本书。

师：为什么？

生：他一心想中举，他始终要显示自己是读书人。

师：非常有道理，大家想象力很丰富。现在孔乙己死的情景已经展现在我们眼前：在一个寒冷冬天的夜晚，在村外的破庙里，孔乙己死了。他蜷曲的身躯像一个少了一个点的问号，一只手紧紧地攥着一个破碗，另一只紧紧地抓着一本又破又旧的书……

4. 撰写碑文

师：孔乙己的确死了，作为他的后代，我们能为他做点什么呢？我想为他立一座碑，请同学们为他写一句碑文。有没有写过碑文？（同学笑）其实写碑文并不难，有两种基本思路：一种最简单、最好写的思路，大家都应该知道，聪明的同学一分钟就可以想到。

生：上大人孔乙己之墓。

师：真聪明。可是另一种写法要动点脑筋。外国人的碑文，有一种写法常常是"这里躺着一个……人"。比如黄老师将来就可以是"这里躺着一个热爱语文的人"。（学生笑）大家按照这个思路可以想一句碑文，并简单说说理由。

生：这里躺着一个可怜的人，因为在那样的环境中，没有一个人同情他，他被人打了还遭人嘲笑。

生：这里躺着一个可悲的人，因为他是一个悲剧人物。

生：这里躺着一个可笑的人，因为他自命清高、迂腐可笑。

生：这里躺着一个可爱的人，因为他很善良。

师：同学们真了不起，一个词概括了一个人物的性格，也概括了一个人物的命运。大家有没有注意到，在想象孔乙己死的情景时，老师加了一句话，"他蜷曲的身躯像一个少了一个点的问号"，知道这有什么含义吗？

生：孔乙己的一生给我们留下了一个值得思考的问题。

师：对。作者塑造这个人物，就是要唤起我们的思考。孔乙己给我们留下的，也许不是一个问题。这里我想和同学们讨论的是：造成孔乙己悲剧的原因是什么？

生：是封建科举制度。

师：的确如此，是封建科举制度害死了孔乙己，有其他原因吗？

生：没有人帮助他，关心他。

师：对，还有那人情麻木、世态冷漠的社会环境。还有没有其他原因呢？

生：有，就是他自己好吃懒做。

师：见解很新颖。大家同意他的意见吗？（大多数同学同意）

师：是的，老师也同意这位同学的意见。他自己性格上有弱点，也是造成他悲剧命运的原因之一。大家想一想，孔乙己有没有办法避免他的悲剧命运？

生：有，他本来可以自食其力，以抄书为业。

生：他受到别人嘲笑的时候就应该反省一下，为什么自己受嘲笑，然后自己找出一条生路来。

师：大家为孔乙己设想了很多，都有一定道理。老师在读这篇小说的时候也想到了一个人，他也一生热衷科举，可始终不得志，72岁时才补了一个岁贡生，但他没有在科举失败中迷失自己，而是收集民间故事，结合自己的经历，写下了一本文学巨著。知道这本书吗？（生齐答：《聊斋志异》）这位老人是谁？（生齐答：蒲松龄）对，是他。科举始终不得志的蒲松龄，用另一种方式实现了自己的价值。蒲松龄能避免孔乙己那样的可悲命运，一个重要的原因是他能够走出自己那个破灭的梦想。人不能没有梦想，但人的梦想不可能全都实现；梦想破灭了也不要紧，走出那破灭的梦想，人生就会开辟出一条新的道路来。

这节课我们就学到这里。老师想问一问：如果下节课我们继续学习这篇课文，应该探讨什么内容？

生：应该分析环境描写。

生：应该分析小说的其他人物。

师：大家说得很对。可惜这些内容只好留给你们的老师和你们一起学习了。回家想一想：这节课对你的小说阅读有什么启发？

听者思语

《孔乙己》是一篇小说，教学中就得突出小说作品的特点，应将把握情节、分析人物和理解主旨、教会学生阅读欣赏小说等作为教学重点。黄老师在教学中正是抓住了《孔乙己》的文体特点，突出了小说最核心的要素——人物，逐层深入地展开了教学。但黄老师在处理教学内容时，不是面面俱到，几个要素一起抓，而是将孔乙己的手作为教学的抓手，由手的外形到动作，再抽象到更深的思想层次，自然流畅地引领学生走近了孔乙己，走进了作品，领悟到了作者的写作要义；更不是将小说知识作为教学的着眼点，让学生进行小说要素的识别和分析，而是运用接受美学理论引导学生在阅读中和作者一起创作作品。这不仅使得教学内容鲜明集中，教学手段机智灵巧，收到了很好的课堂效果；而且引导学生在创造性的学习活动中掌握小说的知识，学会阅读小说。

黄厚江老师的《孔乙己》教学，没有突出小说知识，紧扣小说的文体特点进行教学，这中间的技巧就源于老师良好的问题意识。更重要的是，黄老师在《孔乙己》的教学中提出的都是真问题。

所谓真问题，就是立足于学生和文本的问题，立足为学生学习服务的问题，是能有效推进教学进程和促进学习进程的问题。黄老师在这节课的教学中，重点围绕孔乙己的手由表及里、逐步深入地提出了几个主要问题：哪些地方写"手"？从哪些方面写"手"？手的外形如何？手的动作有哪些？最主要的动作是什么？影响孔乙己一生的有哪些无形的手？层层剥茧，由外在的形象特点到人物命运的探析，可谓匠心独运，别具慧眼。

成功的教学就是这样，以四两拨千斤，从小处、易处入手，带领学生走进作品，了解人物，领悟作者的寓意。特别是最后一个环节，由学生写孔乙己的死，再引出在教师引领下学生群体写"手"，留白后自然过渡到对造成人物悲剧命运原因的分析，幽曲精巧、妙婉灵动，黄老师带领学生逐步深入，渐入佳境，进而把握小说的深刻主旨。

这一课问题设计灵巧机智，高屋建瓴，既是前面学习的自然延续，又是对文本的深入探究，在强化学生对小说相关内容理解的同时，又在更多方面给学生以能力与情意的培养和提高。总之，整个课堂教学的问题设计，由浅入深，逐层推进，既吻合小说行文的脉络，更符合小说阅读欣赏的基本规律和学生学习认知的心理规律，加上提问亲切自然，循序渐进，很好地激发了学生学习的兴趣和热情，课堂线索明晰，效果突出。这堂课的成功，主要问题的精巧设计及机智推进，可谓功不可没。

在黄老师的《孔乙己》教学中，言语活动自然地穿插于几乎每一个教学环节之中。特别是在分析手的动作这一教学环节中，黄老师带着学生重点分析了"敲""蘸""伸""罩""排""摸""走"等动词。学生能成功地一个一个找出来，并能做恰切的分析，再加上黄老师卓有成效的引导，本色语文的特点得到了十分完美的体现。

这几个动词确实生动地反映了孔乙己人生几个阶段的境况，表现出了他生活的变化轨迹。"敲"的趾高气昂，"蘸"的悠然自得，"罩"的慌张失态，"排"的外阔内虚，"摸"的困窘无奈，到最后用手"走"的悲惨无助但仍不失清高，这样的一系列动作变化，生动地表现出人物的性格特点，更逼真地折射出了人物境遇的改变，我们从中不难窥见其逐步走向死亡的悲惨命运。

对这些重要动词进行分析的教学环节，切实有效地帮助了学生了解小说的情节，把握人物命运，进而感受到作品的主旨。学生也在分析中得到了语感的培养，学会了抓住关键的字眼来把握人物性格和命运，根据具体语言环境来学习语言。

更为可贵的是，黄老师在课堂上还安排了两处书面语言训练：为课文补写出一两句关于孔乙己手的内容和最后以孔乙己的死为话题写一段文字。这些安排既是鼓励学生以阅读再创作来解读和欣赏小说，也是在前面口头语言能力训练和分析理解能力培养的基础上，对学生书面语言表达能力的训练，是对课文学习的升华，也属于言语教学的更高领域。一石双鸟，将言语教学的艺术演绎得淋漓尽致。

语文教学必须着眼于学生的全面成长，促进学生认知、情感、态度与技能方面的和谐发展。在黄厚江老师执教《孔乙己》的过程中，就明显体现了这种意识，如让学生"说说小说是从哪些方面写'手'的"，就有利于培养学生的阅读能力；让学生"描述死去的孔乙己的情景"，就有利于培养学生的想象能力和写作能力；让学生思考"孔乙己有没有办法避免他的悲剧命运"，就有利于培养学生积极向上的人生态度等等。以生为本，就是要以学生的体验为本。接受美学理论认为，作为解读对象的文本，不是由作家独创的，而是由作家和读者共同创造的。作品的文学价值是在读者阅读鉴赏过程中得以实现的，而作品的阅读鉴赏往往带有更多的主观性和个人色彩。因此，在语文教学中，应强调学生的体验，强调学生对文本的主动感悟、品味和理解。只有让学生自己去体验，才能使学生真正成为课堂的主人，成为建构新知识的主体，才能让学生的心灵和作者的心灵发生碰撞，从而吸取作品中慧心巧思的种种养料，不断增长语文机智和语文能力。

在执教《孔乙己》过程中，黄老师就非常注重学生自身的体验，如让学生阅读文本并思考"孔乙己有没有办法避免他的悲剧命运"和让学生"描述死去的孔乙己的情景"等，其目的就是为了充分激发学生的审美想象。我们知道，作为教材的文学作品的艺术之美并非总是外显的美，它往往隐藏在艺术形象所给人留下的审美空间里，也常常蕴含在生动逼真的意境中。

（江苏省苏州市立达中学张广武、江西省鹰潭职业技术学院官卫星）

教者思语

　　在对文本分析不够充分的基础上进入主题的解读和呈现，显得比较突兀，不够自然，主题的演绎也过于追求全面和周到。

《给我的孩子们》教学实录
——让文本成为"孩子们"思想的沃土

1. 初识作者

师：同学们，我们准备上课。今天我们一起学习的是丰子恺先生的一篇文章。同学们知道丰子恺吗？这位同学，你点头，你知道丰子恺吗？

生：我知道。

师：他是一个什么样的人？

生：他是一位漫画家，他对自己的孩子比较开明。

师：非常宽容，非常开明，是的。有没有看过他的画？

生：看过。

师：在哪里？

生：在一些杂志上、报纸上。

师：能说说他的画有什么特点吗？

生：简明，简洁明了。

师：简明，挺好的。这位同学看来对丰子恺还真的比较了解。简明是从线条和手法来看的，不繁复。其他同学有没有看过丰子恺的画，请举手。都看过？这位同学说看过，那你说说他的画给你什么印象？

生：我觉得他的画非常具有生活气息，还有一些时代性，有的画是贴近家庭生活的，描述他在家里和孩子们相处的情景，有的呢，就是针砭时弊。

师：这位同学对他的画了解得也蛮多的。我们课文里有几幅插图，都是丰子恺先生的画，你们发现这些画的内容取材有什么特点？都是画的什么人、什么事情？——都是画的孩子，都取材于孩子的生活，而且都和我们课文的内容有关系，对不对？如果我们自己概括一下，就这些画来看，表现了一个特点，他的画是充满了——

生：童真、童趣。

师：童真、童趣。对，非常好。今天我们学的这篇课文的题目是什么——"给我的孩子们"，现在我想和同学们一起来认识他的孩子们。

（板书课题）

2. 认识"孩子们"

师：同学们课前已经看过课文了吧，能说说他的孩子们有哪些特点？这位同学举手，你说说。

生：我觉得他的孩子们都是很天真、很可爱、很直率、很坦白的，完全没有一点矫揉造作。

师：非常好。有没有其他同学补充？好的，有些同学已经开始在看课文了，很好。刚才不许看课文，是想看看预习的时候脑子里的印象是不是深刻。其实，要好好归纳孩子们的特点，还是要认真看课文的。现在我们一起认真看课文，想一想，除了刚才这位同学说的"天真""可爱"以外，那些孩子还有哪些特点？尤其要注意概括的方法：可以抓住具体的事件，可以抓住一些关键性的词语，也可以抓住作者自己对事件的分析。刚才一位同学已经说到天真、可爱的特点，有没有哪位同学又有进一步的思考？好，这位同学。

生：我还觉得这个小孩子是幼稚可爱、很调皮任性的。

师：这个孩子指谁？

生：瞻瞻。

师：你能说说你是根据哪些内容归纳出来的吗？

生：我是根据文章中的第6自然段，就是这个小孩子他裁破了十几页书，还得意地对爸爸说："爸爸，瞻瞻也会裁了！"他本来干了一件坏事，还很得意地跟爸爸炫耀，可以看出他很幼稚，很调皮任性。

师：好的，幼稚、调皮，其他同学有没有补充的？好，这位同学。

生：我觉得他的孩子是极富想象力的。我是从第5节"阿宝两只脚，凳子四只脚"中看出来的。她把凳子看作是一种生命的形式，说明她很有想象力，不像大人。

师："不像大人"，强调意味深长，是的，我们大人常常缺少"想象力"。这两位同学都是根据具体事件归纳的，一位归纳的是"调皮"，一位归纳的是"幼稚"。"调皮""幼稚"这个归纳嘛，中性色彩，甚至还带有一点小小的贬义色彩，而这位同学是归纳他们富有想象力，敢于想象。很好，很好。(板书)

其他同学有没有补充？——下面我们一起来根据几个关键词进一步了解、理解他的孩子们。我们看第3小节，有一句说："你们每天做火车、做汽车、办酒、请菩萨、堆六面画、唱歌、全是自动的，创造创作的生活"，大家把"自动"这个词圈一圈，想想"自动"这个词在这里是什么意思？跟我们一般用的"自动"相同不相同啊？

生：不一样。

师：对，不一样！能不能说说不一样在哪里？这里的"自动"是什么意思？

生：我觉得这里的"自动"就是自愿、自发，而我们的"自动"是机械化的。

师：好的，非常好。你看，这是一种比较的思维。我们今天的"自动"往往是非人工的，不要人去操作的，不要外在动力的，对不对？刚才这位同学理解得非常好，说是"自发的"。其他同学想一想，除了"自发的"，能不能想到用其他的词来解释这个"自动"。你想到什么词？

生：我觉得他们是出于内心的。

师：自发的，出于内心的，是非常自然的，都说得很好。大家注意，作者说他的孩子们自动的创作、创造生活之后说"大人们的呼号'归自然！''生活的艺术化！''劳动的艺术化！'"是"出丑得很"。为什么要写到"大人"呢？(有学生说是"对比")对，是对比。通过对比，来突出大人们"呼号"是不自然的，是做作的；孩子们的想象、创造，完全是自然的，一点都不做作。

——这是我们抓住理解人物特点的关键语句。同学们有没有注意到还有哪些词语可以让我们比较深入地把握孩子们的特点？有没有同学有新的发现？没有，那我们再一起看课文第2小节："瞻瞻！你尤其可佩服。你是身心全部公开的真人。"这句话什么意思啊？什么叫"身心全部公开的"？

生： 我觉得就是比较单纯、很天真，没有心计。

师： 天真、单纯，是的，非常好。再看第2节，"外婆普陀去烧香买回来给你的泥人，你是何等鞠躬尽瘁地抱它，喂它"。大家知道"鞠躬尽瘁"这个成语出自什么地方吗？

生：《出师表》。

师： 对，《出师表》。写谁的？诸葛亮。还有半句怎么说？

生： "死而后已。"

师： 想想这个成语一般用在什么情况——一个老师患了肝癌，还坚持上课，一直上到最后一天，才离开你们，这就是"鞠躬尽瘁"，是吧？这个成语都是形容那些为工作、为事业不惜献出生命的人。很显然，这里的"鞠躬尽瘁"和原来意思不同。那么是什么意思呢？大家想一想。

生： 我觉得这里的"鞠躬尽瘁"就是说瞻瞻对待泥人是全心全意的。

师： 全心全意，投入全部感情，这就把小孩子对泥人的爱，一种单纯的、投入全部身心的爱都表现出来了。我们这就是抓住关键句、抓住关键词理解人物。这篇课文主要是通过事件写孩子们的特点。作者写了很多事件，有一个很难理解，我们一起来看一看。第2节里写了好几个事件——后来把泥人打破了，嚎啕悲哀大哭，这是一个事件；后来呢，写两个芭蕉扇，这是敢于想象，富有创造；再后来呢，宝姊姊坐在篮子里头吊上去，瞻瞻在下面，说"瞻瞻要上去，宝姊姊在下面看！"这表现孩子毫不掩饰情感。这些都好理解，下面这个事件不好理解，请大家思考：

"我每次剃了头，你真心地疑我变了和尚，好几时不要我抱。最是今年夏天，你坐在我膝上发现了我腋下的长毛，当作黄鼠狼的时候，你何等伤心，你立刻从我身上爬下去，起初眼睁睁地对我端相，继而大失所望地号哭，看看，哭哭，如同对被判定了死罪的亲友一样。"

这个事件能表现什么呢？有没有同学敢于挑战这个比较难的任务？——他本来最喜欢爸爸抱了，爸爸剃了头，看爸爸像个和尚，便不要他抱；到了夏天，看到爸爸腋下有长毛，以为爸爸是黄鼠狼变的，黄鼠狼成精了，便是哭，看看又哭，哭哭又看——

生：写孩子们天真可爱。

师：天真可爱，当然不错，可不能总写天真可爱啊。用心揣摩，再想想，能不能想得深一点？哪个同学？（一位同学举手）这位同学反应太快了，等一等，好不好？我上课特别喜欢请没有发过言的同学。好的，请那位同学。（指名一位同学）

生：我觉得这个小孩太爱自己的爸爸，他自己印象中父亲是长着头发的，突然看见自己的父亲没有了头发，就以为是和尚；看到爸爸腋下有毛，就以为是黄鼠狼变的，感觉不是自己的父亲，像遇到一个陌生人一样，所以哭了。

师：非常好，这位同学的分析是一种因果分析。为什么哭了？以为这不是他的爸爸，所以他就哭了，其他同学有没有人不同意他的理解？为什么哭？我爸爸是有头发的，你现在没头发了，不是我爸爸了，我不要你抱了。——揣摩一下小孩子是不是这样想的呢？有没有其他可能呢？好，这位女同学。

生：我觉得这个小孩子他本来就是很讨厌黄鼠狼，不喜欢黄鼠狼，爸爸突然弄得像黄鼠狼，他就不喜欢爸爸了。

师：我觉得有道理。我姓黄，（生大笑）小时候跟同学们在一起，有的男同学被我打了，逃到很远的地方，指着我叫"黄鼠狼""黄鼠狼"。黄鼠狼在很多孩子心目中，是一个不好的动物，形象可恶。可能大家再想下去，还有很丰富的想法。如果我们顺着这个同学的思路往前想一想，这是瞻瞻一种什么样的情感特点啊？他不喜欢黄鼠狼，是不是针对黄鼠狼具体特征的呢？是不是针对爸爸的呢？他心里在想什么呢？

生：我认为吧，他写这段就是为了表现孩子。很直观地表现出自己的想法，不加掩饰，喜欢就是喜欢，不喜欢就是不喜欢，他要把自己的这些想法直接表达出来。

师：能用一个词把你刚才所有的想法概括出来吗？

生：直率、自然。

师：可以，但仍是重复刚才的概括。大家想，一个人喜欢就是喜欢，不喜欢就是不喜欢，你是我爸爸我就喜欢，你还是我爸爸，你变成黄鼠狼，我就不喜欢。（有学生说"立场鲜明"）对的，可以说是爱憎分明。（板书）

好了，这些孩子们身上鲜明的特点，我们不能再具体分析了。

3. 感悟作者情感

师：我们下面看看"我"，作者丰子恺，是个什么样的人。其实，前面我们已经通过他的画初步有所了解，现在根据这篇课文，同学们看看作者是一个什么样的"我"呢？

请同学们再浏览一遍课文，把表现作者内心情感的词语圈出来，然后我们从作者的情感入手解读作者。聪明的孩子3分钟左右完成，小聪明的人13分钟才能完成，最不会读书的人30分钟也不能完成。

——我所说的聪明，不是指智商，主要是指会不会读书，会不会读文章。

如果哪位同学已经完成了,可以举一下手,可以看一下我,我就知道你已经完成了。(有同学举手)好的,最快的同学已经完成了。我再重复一下我的学习要求:从文中圈画出表现作者内心情感的词语。

——3分钟差不多了吧。我们要学会聪明读书,对不对?第一个完成的是这位女同学,我们先请她发言。

生:第9小节最后一句话:"惭愧我为什么去做这等无聊的事,欢喜我又得暂时放怀一切地加入你们的真生活的团体。"

师:我能打断你吗?同学们注意她刚才的发言,如果考试我给她多少分?重复一下我这个任务的要求,是——

生:"词语"。

师:对,从文中圈画出表现作者情感的词语,你说的是一个长句子。

生:一个是"惭愧",然后是"欢喜",这就写出作者是一个非常渴望童真、纯真和快乐的人。

师:你看,这位同学思维很快。我一点拨,她马上调整过来了,一个"惭愧"、一个"欢喜"。好的,后面有位男同学来补充一下。

生:就是第11小节,有"憧憬"和"痴心"。

师(板书):对,很好,"憧憬""痴心",两个词都是心理感受,很好。

生:"憧憬"表现了"我"十分向往孩子们的生活,"痴心"表现了自己非常想要挽留住孩子们的童真。

师:非常好,分析也非常好。这位同学一下跳到第9小节,刚才这位同学一下跳到第11小节,那前面是不是没有啊?

生:我觉得从第1小节就有很多词语,比如说"憧憬",在第1小节就有;还有"委屈",还有第2小节的开头"尤其可佩服"。他佩服一个小孩,更加能表达出他对童真、童趣的一种渴望和"敬佩"。

师：他讲了好几个词语，还作了分析，下面我们一起来推敲一下。他说"委屈"也是一个表达作者内心感受的词语，其他同学有没有不同意见？作者——"我"很委屈，是不是呢？是的？有没有认为不是的？请举手。都认为是的？好，这位同学，你认为是的吗？

生：不是的。

师：你说说为什么"委屈"这个词不是呢？

生：因为这句话里"委屈"的意思不是像我们现在理解的这样，这里的"委屈"应该是以一种特殊的方式——

师：大家请注意，这个"委屈"不是我们一般的"委屈"，我们一般的"委屈"是指自己因在某一件事情中承担了不该承担的责任，挨了不该挨的批评等等感到委屈，是一种心理感受；但这里的"委屈"是什么意思呢？如果找一个近义词来替换一下，是"委婉"，这是一种表达的方式，那就不是自己的内心感受。同意这个意见吗？这位同学他也同意了。——这篇课文里头应该说作者的情感是一条线索，对不对？是将全文串连起来贯穿始终的线索。这是用片段写人、事件写人，特别要讲究的，当然我们阅读也要讲究这个问题。

好的，问一个难度大一点的问题：在这么多表现作者"我"的情感的词语之中，你认为哪一个词语是最主要的，最能表现他的内心感受？（有学生说"憧憬"）"憧憬"？认为"憧憬"的举手，不少；其他呢，认为"欢喜"的举手，没有；认为"佩服"的举手。好，我不一个个问了，我要反过来问，认为最主要的词语不是"憧憬"的请举手。好，有两三个，我们先请这位同学说，你认为是哪一个呢？

生：我觉得是"佩服"。

师：你认为是哪一个呢？

生：我认为是"悲哀"。

师：说说理由。

生："悲哀"在文中是一个反复出现的词。

师：反复出现过，而且你们注意到是在哪些地方出现的吗？注意，文章关键的字眼，不仅常常出现，而且出现的位置也引人注目，它出现在哪里？

生：最后一句话，"这是何等可悲哀的事"。

师：除了最后一句话，有没有在其他地方出现了？

生：还有，开头的第1小节结尾"这是何等可悲哀的事啊"。

师：还有第8节。

生：对，还有第8节。

师：这两位同学这么一凑，认识就深刻了。我不能说凡是和我一样的就是正确的，至少说我欣赏这两位同学读书的方法。我也认为这篇文章表现作者情感的最主要、最最关键感受的词语，可能就是"悲哀"。（板书）

"佩服""憧憬"是虚的，他知道"憧憬"不到了，他喜欢孩子们这样，向往孩子们这样，他知道他也不可能了，于是他"悲哀"，一方面悲哀自己不可能再像孩子这么天真，想说就说，想哭就哭，喜欢谁就发自内心地喜欢谁，需要什么就毫不迟疑地说出来，他不可能了。"悲哀"，更重要的不是为自己悲哀，为谁"悲哀"？（有学生说"为孩子们"）对，为孩子们悲哀！他的孩子们也很快不可能这样了。什么道理呢？为什么孩子们也不可能再快乐下去呢？

生：长大了。

师：长大是一个因素，长大了我们就不能天真吗，长大了我们就不能有童心吗，长大了我们就不能这么快乐吗，长大了我们就不能毫不掩饰吗，长大了我们就不能自然地表达情感去想象吗？是什么东西扼杀了这些天性呢？（有学生说"是现实的生活"）对，现实生活是很复杂的东西，暂时不去说它。

4. 理解写作意图

师：现在我们回到题目上，文章的题目是"给我的孩子们"，这是个结构不完整的句子。补充得更全一点，"给我的孩子们"什么呢？你们也要像瞻瞻那样，毫不掩饰地大胆地想象，说出你们的想法，至少我们课堂上应该是这样的。

生：我觉得应该是给我的孩子们祝福，祝福他们依旧能够如此童真和自然下去。

师：他说的是给我的孩子们的祝福，祝福我的孩子们能够永远这样，多好。其他同学有没有不同想法？特别是没发言过的同学。

生：我认为是给我的孩子们一段美好的回忆。从文章最后一段可以看出来，他是"痴心要为你们永远挽留这黄金时代在这册子里"，因为孩子们步入现实的时候，将会失去所谓的童真，所以说他要为孩子们留下一段美好回忆。

师：好的，这位同学。

生：我觉得他还是给孩子们一种提醒吧。

师：提醒什么呢？

生：第10小节有一句话，"但是，你们的黄金时代有限，现实终于要暴露的"，就是让他们珍惜眼前的美好时光，珍惜童真，珍惜童趣，让他们好好过这段时间，之后要面对的是现实。

师：我觉得这三位同学的发言太好了，比黄老师对这篇文章的理解更丰富：一个是给他们一个美好的回忆，过去一些美好的东西总会逝去；一个是给他们美好的期待，珍惜现在；一个同学说是给他们一个美好的祝福，祝福他们将来能够永远有这么一份美好，这么一份童真，这样一份快乐的生活。我觉得都挺好。

但我要提醒大家一个问题：其实我们刚才一起讨论的问题就是作者的写作意图。把握作者的写作意图，不能凭空想象。凭空想象有可能想得有道理，也有可能想得没道理。应该从文本入手，从写作的背景入手，因为写作背景常常决定了作者写作的意图。大家有没有注意到这篇文章是选自什么地方呢？作者为什么要写这篇文章啊？对，是他的一个画集的代序，由这个代序我们就可以推敲到两点：他说的"给我的孩子们"，狭义地讲是给他自己的孩子们；广义地讲，又不仅仅是他的几个孩子们，也包括你们，也包括我们在内，我也是他的"孩子们"，是所有读者。那么给所有读者到底是哪一个希望比较好呢？我觉得三个同学都有道理，如果排主次的话，我觉得第一个应该排这个同学（说"记忆"的一位），因为作者的画册里面记录的都是那种纯净的、透明的、充满童趣的生活，所以给读者们提供这样一个画册，就是让我们珍藏这段美好生活。第二种也对，因为他的孩子们还小，你们也还小，你们还可以有一段时间拥有这样一种童真无邪的生活。第三种也对呀，作者的一份美好希望，希望我们永远都有这样的美好生活。三个分析，由实到虚，都很好。

5. 认识"童心"

师：这样就有问题了，都有道理，总归有一个更靠近作者的想法吧，我们再来把作者的想法揣摩得更实在一点。我在一个资料上看到了三位父亲读了这篇文章以后写的感想，我觉得蛮有意思的，现在请大家来做一个作业。不许看书，不许记笔记，听黄老师读三段话，不是听写，不许拿笔，闭着眼睛可以，睁着眼睛看我也可以，你听我读完三段话以后，说说三位父亲对一个人保持童心各是什么看法？请注意听：

父亲甲：我们生活在一个复杂的世界里，必须让孩子了解真实的生活，否则就是对孩子的不负责任，会使他们失去适应生活的能力，使他们成为被欺骗、被伤害的对象。

父亲乙：我们必须永葆一颗童心，它会让我们永远感受到生活的幸福和美好。人有一颗什么样的心，就会有一双什么样的眼睛；有一双什么样的眼睛，就会有什么样的生活。

父亲丙：成长就是一个不断抛弃的过程，我们不能永远留在童年，未来的生活会让我们把它作为尘封的记忆，我们只能带着无奈回望逝去的生活，用羡慕的眼睛看着快乐的孩子。

脑子里再回顾一下，想一想，三位父亲分别表达了一个什么样的观点？他们对人拥有童心的快乐幸福的生活是怎么看的？哪位同学先说？好，这位同学。

生：我觉得第一位父亲是比较现实的，他希望让孩子在以后的生活中能够生活得更好，但是同时他也在一定程度上抹杀了孩子的童真、童趣——

师：我打断一下，请概括一点。

生：第一位父亲注重的是现实；第二位父亲注重的是童心，他希望孩子能一直保持一颗童心。

师：最概括地说，就是他希望孩子们永葆童心。

生：第三位父亲是对童年充满渴望，可是又抛弃了童心。

师：他觉得现实不能留下童心，随着我们的成长，必须抛弃。其他哪位同学再来概括一下？也不一定和她不同，可以在她的基础上能够概括得更好，有没有哪位同学愿意？还是这位。

生：首先我觉得三位父亲对孩子保留不保留童心都是一种对孩子有爱的态度，第一位父亲是希望孩子现实，不保留童心；第二位父亲是希望他能用童心看世界，拥有童心；第三位父亲是折中的，希望他拥有童心，但是却让他保留在记忆里，去向往，去羡慕，然后在以后的日子里，还是要现实的。

师：非常好！他概括了共同特点，都是对孩子的爱，都是希望孩子生活得更好。现在我问一个问题，涉及隐私，不愿意回答的同学可以不回答。如果是你爸爸，你估计他会是哪一种观点？有愿意回答的吗？

生：我觉得我的爸爸可能是属于第三种观点，因为我觉得保持一颗童心是非常重要的，但是站在这个社会角度看问题，我们即将面临中考，以及社会上的种种事情，都会让你觉得这个世界其实很复杂，所以我们一定要面对现实。但是在现实的基础上，我们的内心还是应该充满童真的。

师：既要现实，也要留住童心，那这个童真就是藏着而不表现出来。我有一个同学，本来也跟我一样，是做语文老师的，文章写得很好，和黄老师差不多，后来呢，我做语文老师了，他去做官了，做官的前一天晚上，他爸爸请他吃一顿饭，父子两个对酌。吃完饭以后，爸爸就说，"你要做官了，爸爸今天晚上请你吃一顿饭，送你一句话：你要把人想得能有多坏就想得多坏"。后来我这个同学当官不太顺利，告诉我这个故事，后悔他爸爸的话他没记住。生活里充满陷阱，我们不能有童心。哪位同学愿意来说说你爸爸的态度？好，这位同学。

生：我觉得我爸爸应该会跟我说第一种观点，因为在家里他经常跟我说有人问路你最好不要答应之类的，可我经常忍不住想跟别人说你应该怎么走，因为我觉得童心不是指幼稚，不是什么都不知道，而是你可以用一种快乐的心态去面对生活，积极地面对，但是遇到事情你还是要动脑子想一想。

师：这位同学想得很成熟。那位同学又要抢着发言了，我本来想这个问题到这里不再讨论了，现在有两个同学坚决要发言，请简要一点。

生：我觉得我爸爸可能也像刚才那位同学的爸爸一样，是第一种。因为他在家里边经常跟我说，人世险恶呀，外面充满了陷阱，你一不小心就很容易被伤害、被欺骗，这种现象非常多，所以他应该会更希望我像第一种一样，但是我不认同。

师：你不认同，那你受伤害以后找谁呢，找我还是找你爸爸呢？还有同学想发言，我们再交流下去的话还是有很多话要说。我们暂且不再说你们爸爸的观点，下面来想一想，三种观点哪一种和作者的观点比较接近呢？

生：第三个。

师：啊，第三个："成长就是一个不断抛弃的过程，我们不能永远留在童年，未来的生活会让我们把它作为尘封的记忆，我们只能带着无奈回望逝去的生活，用美慕的眼睛看着快乐的孩子。"是这一个吗？是的。我们现在再来看作者的观点就清楚了：作者认为现实生活是容不得纯洁、快乐的童心的。看上去作者对现实比较悲观，这和他生活的时代有关系，也和他的思想历程有关系。大家知道对他影响很大的老师是谁吗？（同学们摇头）有一首歌"长亭外，古道边，芳草碧连天"，知道歌词是谁写的吗？

生：李叔同。

师：知道李叔同是什么人吗？

生：弘一法师。

师：知道他做法师之前是做什么的吗？他是著名画家，也是一位老师，诗词写得也非常好。他就是丰子恺的老师。李叔同被称为大师，境界很高，后来遁入空门，表明他有强烈的厌世思想，对现实很失望。他对丰子恺影响非常大，所以作者对现实生活也有着强烈的绝望。你看他歌颂、赞美、崇拜他的孩子们的时候，字里行间都在批判现实中丑陋的现象。我有时候想想我们今天的生活也差不多呀。据说一个女硕士被一个农民工拐卖了，这确实是社会的悲哀，也是教育的悲哀，但不能因此说我们就不能拥有童心。其实还是我们刚才那位女同学的发言好，她说，童心不等于幼稚。我很赞同。童心就一定会受伤害吗？那不一定，受骗和童心没有关系。我想在她的发言的基础上，请大家造一个句子："童心，不是——；童心，而是——"。

（学生造句）

师：哪个同学说说自己造的句子？

生：我觉得童心不是幼稚，而是积极乐观的心态。

师：其实还可以再写得对称一点，非常好。其他同学呢？

生：童心不是蛮不讲理，而是爱憎分明。

师："蛮不讲理"这个词语换一个就更好了。好的，这位同学。

生：我觉得童心不是智商低，而是情商高。

师：我觉得你智商又高，情商又高，而且语言素养很高。确实是的，我有很多话想说，但我不能代替你们说。我们对童心要有一种智慧的理解，童心不是傻兮兮的，童心告诉我们生活要有一种快乐，要有一种乐观，童心告诉我们哪怕是在肮脏的现实社会里，我也要有一颗美好的、纯净的心灵。什么是童心呢？陶渊明在田园里获得一种快乐，这就是一种童心；周敦颐爱莲出淤泥而不染，也是一种童心。这个话题还有很多很多的讨论空间，可是我们该下课了。

现在我想请同学回顾一下今天这堂课学习的内容，说一句话好不好？今天这堂课，我学到了什么，或者是懂得了什么？说一句话，不规定句式。有没有同学愿意交流一下？好，这位同学。

生：我觉得我们应该用一颗童心来对待现实生活。

师：好的，其他同学呢，你呢？

生：我觉得，在现实生活中，既要面对现实，同时也要保持一颗童心，乐观豁达，而不是仇视一切。

师：我不再问下去了，我估计再问下去，从这头再问到那头，你们说的话题可能就是一个词——"童心"。我为你们的童心感到骄傲，我很佩服你们，我很喜欢你们，但是我又隐隐地感到一点失望，大家知道今天我们是什么课？对，语文课！语文课中学到一点生活的道理，当然是对的，但我们主要的不是要学习生活道理。我们今天不是公民教育课，不是思想品德政治教育课，我们学什么呢？我们要学的是语文，这个问题大家回去要再想一想：从语文学习的角度，今天这节课学到了什么。

好，谢谢同学们。下课。

听者思语

江苏省特级教师、教授级教师、苏州中学黄厚江老师给我们上了一堂朴实而又值得深思的一课——《给我的孩子们》，给初二的学生上初三的教材，教学效果极佳。回顾自己教学此课的场面，尽管也是动了一番脑筋，但依然是"难登大雅之堂"，人之长，己之短，彰显清晰。

整堂课与其说是学生学习的过程，还不如说是学生发现的过程。在整个过程中，教师始终充当一个引领者的角色，引领学生了解作者、走进文本、感悟童真、书写心声；学生始终充当一个发现者的角色，发现关键词句、语段，发现主旨，探究"溪"源，一切都是那么紧凑而又轻松。

"作者的漫画有什么特点？""他的孩子们是一群怎样的孩子？""哪些词最能表现孩子的共性？""请用一句话概括作者写此时的感受。"教师设计了这四个问题让学生理解主旨，学生顺藤摸瓜，紧扣文本，理解到了孩子们身上的那份童心，也明白了作者希望生活中永葆童心。继而黄老师摆出三位父亲的不同看法，让学生用一两句话来表达对此问题的看法（可以用名言，也可以用漫画或自己富有哲理的句子），学生的观点可谓精彩纷呈，足以体现他们的感悟之深。在师生共同的合作中结束课堂教学。

（雪儿）

教者思语

在"读人"上用力多了，在"品文"上用力还应该加强。对教学的重心把握，似应该再作微调。

《葡萄月令》教学实录

——品味别样的语言"葡萄"

1. 品味淡而有味的语言

师：我们今天学习汪曾祺的《葡萄月令》，课前把课文看过三遍的同学请举手（没有同学举手）；看过两遍的请举手（没有举手）；看过一遍的请举手（少数同学举手）；一遍也没看的请举手（半数以上的同学举手）。向你们的坦诚表示敬意。没有预习是正常的，很多同学学语文是不预习的。其实不预习也不是大错，但预习效果会更好，能够养成预习的习惯最好。我们上课一起好好学，把课文学好。

据说，汪曾祺先生写了这篇散文以后，非常得意。后来，人们一般也把它当作汪曾祺的代表作（板书"代表作"）。可是它能"代表"什么呢？这是一个有意思的问题。很多人认为它首先能代表的是汪曾祺的"汪氏语体"（板书"汪氏语体"）。汪曾祺的散文和一般人不一样，这不一样首先是体现在语言上，究竟是什么语体？请同学选课文中的一小段，通过你的诵读，读出"汪氏语体"的特点。

（学生朗读课文中描写"五月，浇水"的选段，语气平淡，语速中等）

师：大家认为他读得怎么样？认为读得好的请举手。（多数同学举手)这么多同学认为读得好,请一位同学说说好在哪里?

生:他读出了汪曾祺先生语言的特点,就是平淡、朴实、自然。

师:很好。这篇文章其实不好读,那种情感比较外显的文章,是好读的,而这样一种情感比较内敛的文章很难读。因为它不能用语音的技巧,一用就破坏了文章。就如我们这位同学归纳的,这篇文章的语言特点是平淡、质朴,读这样的文章,最高的技巧就是不用技巧。刚才那位同学读得非常好,他读得很陶醉。如果我建议的话,还可以再读得慢一点,节奏还可以再舒缓一点,这种平淡的味道可能更好。

品味一篇文章的语言更重要的是从语言本身入手。有人说这篇文章语言的特点就体现在好几个"多"上。请同学们仔细阅读文本,看看能找到语言的几个"多"?(板书"多")找到越多的"多",那就读得越细、越深入。大家发现几个"多"了?找到一个就说一说。

(学生阅读课文,小声讨论)

师:找到"多"的请举手。

(有学生举手说找到一个,有学生说找到三个)

生:首先找到很多描写时间的词。

师:这些表现时间的词有何作用?

生:成为全文的线索。

师:这篇文章行文是什么线索?

生:他种下了葡萄,从1月到12月,是个时间过程,葡萄的生长过程。

师:这个"多"很好地体现了文章的结构特点。再找找语言方面的"多"。

生:文中写色彩的词语多,还有很多的语音助词。

师:举个例子看看。

生:比如说,"树枝软了""树绿了""树醒了"。

师：这位同学找得很不错，其他同学有没有找到？

生：描写多，抒情多。

师：抒情有直接有间接，那么是直接抒情多还是间接抒情多？

生：直接抒情多。

师：哪些句子是直接抒情的？（学生未能举例）找了半天还没找到，说明（直接抒情）多不多？

生：不多。

师：不要轻易下结论，也不要因为找不到而着急。让黄老师和你们一起找好吗？从句子长短来看，长句多还是短句多？

生（齐）：短句多。

师：再从修辞的角度看，哪些修辞多？

生（齐）：拟人多，比喻多。

师：整篇文章来看，用修辞的句子多还是不用修辞的句子多？

生（齐）：不用比喻的多。

师：不用比喻的语言是什么语言呢？

生（在下面说）：白描、平实。

师：对，所以虽然文学性的语言不少，但总体来讲，口语化的语言比较多（板书"口语多"）。可见，文章的"淡"，主要就体现在口语多上。如果这篇文章就是淡，就是口语化，它就算不得是散文中语言的极品。这篇散文是淡，但是淡得好，那什么样的语言淡得好呢？

生（齐）：淡而有味。

师：这篇文章的淡而有味的"味"体现在哪里呢？它运用了口语化的语言，同时又有文学的色彩，这非常难，一般人写不好。要把口语的语言和文学的语言融合得天衣无缝，这非常非常难。它的句式是短句多，但有没有长句啊？

生(齐)：有。

师：长句和短句又结合得这么好，这也增加了语言的味道。当然，更重要的味道就像吃葡萄一样，我们还要慢慢地欣赏，因为语言的"味"不仅仅在语言本身。

2.认识随意而有匠心的结构

师：除了语言，这篇文章在写法上，也是汪氏散文的代表（板书）。那么这篇文章的写法有什么特点？

生：这篇散文是以时间为序来安排结构的。

师：大家在读的时候觉得，这篇散文是更讲究技巧，还是不讲究技巧？

生(齐)：不太讲究技巧。

师：也就是说写法比较简单（板书）。武术里有句话叫"无招胜有招"，而在文章里面，没有技巧往往是最高的技巧。简单的写法能成为精品，有其艺术的规律在其中，简单却能体现其艺术的匠心。请同学们围绕这一点谈一谈，它"简单"中的匠心体现在哪里？

学生讨论。

生：还写到别的树，丰富了文章的内容；色彩也很丰富，展现了非常美丽的画面；因为用了口语化的语言，所以在阅读的时候很有亲切感；很多地方语言很幽默、风趣；拟人和比喻让人觉得很有美感，而且很幽默。

师：除了写到桃花、梨花，还有一些其他的内容。比如四月引用了《图经》。——散文中引用文献是很难的。运用口语，一难；把口语和文学语言融合在一起，二难；又把学术文献的语言融在里面，三难。融得天衣无缝，一般人做不到。——我们再从写法来看。本来这篇文章是简单的结构，以时间为序，而又写了桃花等，在内容丰富的同时，写法上又富有变化。散文的特点是什么？

生（齐）：形散而神不散。

师：所以写散文要把它撒开去，撒开去了文章就显得摇曳而有变化。另外，在结构上，十二个月是不是平均用力？

生（齐）：不是。

师生（齐）：有详——有略，有长——有短。

师：大家看看，哪些段落写得长，哪些段落写得略。

生（在下面答）：五月，还有八月。

师：为什么有的段落长，有的段落短？长的段落写得长的原因是什么？首先，这几个月从葡萄生长来讲——最重要（学生齐）。还有什么深层的原因？

生（齐）：这几个月葡萄长得好。

师：这个"好"是怎么个"好"，能不能说得具体一些？

生（齐）：天气好。（学生笑）

师：你看，这也暴露出了写作中的问题，对吗？写文章能不能这样写啊？天气好就多写一点？（学生笑）这几个月除了对葡萄的生长最重要以外，还有深层的原因。这几个月葡萄园有什么特点？

生：生命力、生机。

师：对，具有生机，充满了生命的活力，最容易引起作者内心的共鸣，所以作者才详写。

3. 领略文章独特风格

师：下面我给同学们一个更有难度的任务。假如让你把汪曾祺的文章缩写成一篇短文,你能缩写到多少字,而且内容比较全,忠实于原文。看谁缩写得最快,缩写得最短,内容最全。在草稿纸上写一写也可以,在书上圈一圈也可以。一个人完成也可以,两三个同学商量也可以。

(学生讨论、活动,老师巡视、指导,约3分钟)

师:缩写的字数在50字以内的同学请举手。(一名学生举手)就请你来说说,大家看是不是符合"内容比较全"的要求。

生:一月,葡萄未出窖;二月,葡萄吐芽;三月,葡萄上架;四月,为葡萄浇水施肥;五至七月,喷药修枝;八月,葡萄成熟;九到十二月,葡萄下架入窖。

师:嗯,不错。大家一起来评改一下,他的内容全不全?

生(齐):全。

师:的确全了,有没有比他写得更短的?一个都没有?我就认为他的内容还可以再短。那该怎么做?大家想一想。

(学生七嘴八舌)

师:需要每个月都写"葡萄"吗?

生(齐笑):不用。

师:一月葡萄怎么样,二月葡萄怎么样,十二个月就多了二十四个字。(学生笑)其实我们只要把"葡萄"移到最前面去就行了。(示范)葡萄一月在窖,二月出窖,三月上架,四月五月六月浇水、喷药、打梢、掐须,五月中下旬开花,七月膨大,八月着色,九月十月自然生长,十一月下架,十一月十二月葡萄入窖。

假如把我和这位同学缩写的内容加一个题目,能不能用《葡萄月令》?好不好?

生(齐):不好。

师:"月令"是什么意思?"月令"有两个意思:一、气候,二、物候。

这里主要指气候还是物候？

生（齐）：物候。

师：什么叫物候呢？物候就是生物的周期性现象与季节气候的关系。

（学生记笔记）

师：不要记。上课记笔记是最不重要的。这个记下去有什么用？给你们的孙子看？（学生笑）那重要的是什么？听比记重要，说比听重要，想比说重要。所以我们要多想一点，多说一点。

尽管解释"月令"说什么"气候、物候"，但是用了"月令"两个字，从语感上看上去，有了"月令"我们就有一种什么感觉？

生（小声说）：美感。

师：太好了，这就是良好的语言素养。你去查了字典就没有美感了，你不查反而有美感。刚才我和那位同学压缩的几十个字，美感还有没有？

生（齐）：没有了。

师：我们也想一个没有美感的题目。

生："四季葡萄"；有学生答："葡萄的生长周期"。

师：如果题目就叫《葡萄的生长周期》，这篇文章成为什么文体了？

生（齐）：说明文。

师：那我们现在读的《葡萄月令》是什么文章？

生（齐）：散文。

师：（板书"说明文、散文"）汪氏散文是说明文的内容，散文的意境，诗的语言。这就是汪曾祺的散文。《白杨礼赞》比它好写多了，《背影》你和我都能写得出来，但这篇文章一般人写不出来。所以，我们才称之为"散文中的散文，散文中的极品"。

4. 理解作者品格

师：大家再想一想，什么样的人才能写出这样的文章呢？什么样的人才能写出这样的《葡萄月令》来呢？要写《葡萄月令》这样的文章，必须具备几个条件。第一个条件是什么？

生：诗人。

师：诗人就能写出《葡萄月令》了吗？（板书"诗人"）（学生：熟悉葡萄的人）对，第一个条件是熟悉葡萄的人。那在汪曾祺之前那么多人种葡萄怎么没写出《葡萄月令》呢？

生：还要有丰富的内心。

生：懂一点文学的人。

师：对。还要懂一点文学的人。可是当时懂文学而且和汪曾祺一起种葡萄的就有人就跳湖了。所以还有一个条件，是什么？

生（齐）：乐观的、热爱生活的人。

师：对，还是一个热爱生活、热爱生命的人（板书"热爱生活"）。在这么多条件中，最重要的一条是什么？

生（齐）：最后一条，热爱生活。

师：其实我们这样的了解还是不够深入。下面黄老师来读一段话，是汪曾祺女儿写的。我读一遍，看你能记住几个关键词。不是记得越多越好，而是记得越关键越好。然后想，汪曾祺是个什么样的人。

教师朗读汪曾祺女儿汪明的文章选段：

"不管别人怎么评价，我们知道，父亲自己对于《葡萄月令》的偏爱是不言而喻的。当年因为当了'右派'，他被下放到张家口地区的那个农科所劳动改造。在别人看来繁重单调的活计竟被他干得有滋有味、有形有款。一切草木在他眼里都充满了生命的颜色，让他在浪漫的感受中独享精神的满足。以至于在后来的文章中，他常常会用诗样的语句和画样的笔触来描绘这段平实、朴素、洁净的人生景色。果园是父亲干农活时最喜爱的地方，葡萄是长在他心里最柔软处的果子，甚至那件为葡萄喷波尔多液而染成了淡蓝色的衬衫在文章中都有了艺术意味，而父亲的纯真温情和对生命的感动也像波尔多液一样盈盈地附着在《葡萄月令》上。"

师：让我们看看同学们都记了几个词。就记一个词的同学请举手（没有）。记三到五个词的举手（有一部分同学）。记五个以上的举手（很多）。你们记笔记的功夫很厉害。（学生笑）我们看看记的是不是最重要的。哪个同学主动来说说看？

生：我记得比较多。第一个是"偏爱"，这是对葡萄园的感情；第二个是当时的身份，"右派"；还有"劳动改造"是他为什么到这个地方去；"单调"是别人的生活；而他（汪曾祺）觉得生活是"有滋有味、有形有款"的；还有"生命的颜色"，这也是对葡萄的感情；还有"平实、朴素"是这篇文章语言的风格；还有"纯真温情"是汪曾祺先生这个人的特点。

师：我觉得你记得够全了，如果让你删掉一个，你删哪一个？

（学生在下面小声讨论）

生：删"单调"。

师：那"偏爱"你为什么舍不得删呢？你也"偏爱"吗？（学生笑）这一段的关键点其实有两个，一个是当时他的处境很不好，同时告诉我们另外一个信息，在这个非常不好的处境当中，他显得很乐观。这是一种什么样的人？用一个词形容。

生（齐）：乐观。

师：有没有更好的词？

生：豁达。

师：从这个时候的汪曾祺，你有没有想到一个类似的人？

生（在下面答）：苏轼。

师：对，苏轼。苏轼的人生境界跟汪曾祺的人生境界的确有相通之处，如果用一个词概括可以用什么词？

生：超脱。

生：悲惨。（学生笑）

师：听到你这个答案，我觉得很震撼。（学生笑）他的处境是有点悲惨，但是悲惨的生活他过得有滋有味，就不悲惨了，对吧。

生：有爱。

师：也对，爱是永远不能没有的。假如让你们从黑板上的词语找一个词来概括汪曾祺的人生境界，可以选哪个词？

生（齐）：淡而有味。

师：汪曾祺之所以这么乐观，在这样的生活中还能充满爱，确实是他恬淡的人生态度所决定的（板书"恬淡"）。所以只有这样的汪曾祺才能写出这样的葡萄来，只有这样的汪曾祺才能写出这样的汪氏散文来。有人读《葡萄月令》，用一个比喻来形容汪曾祺与葡萄的关系，比得非常好。如果让你来比，你会怎么比呢？我们把问题简化一下，也就是在汪曾祺的心目中葡萄是什么？

生：孩子。

师：有何凭据？从文中找凭据。

生：四月份，给葡萄浇水，"不大一会，它就从根直吸到梢，简直是小孩喝奶似的拼命往上喝"。

师：这是把葡萄当孩子了，有其他依据吗？

（学生小声讨论）

生："九月的果园像一个生过孩子的少妇，宁静，幸福，而慵懒。"

师：这怎么说明葡萄是孩子呢？（学生笑）不要害怕别人质问。好多同学都是这样，有好的想法，看到老师眼睛一瞪就以为自己错了，还有的同学就看老师的眼色判断对不对，这都是不好的习惯。现在请同意这个同学意见的举手（几个学生举手）我认为这足以说明这个问题。葡萄园把每个葡萄看成它的孩子，那葡萄园就是孩子的妈妈。那为什么说葡萄又是汪曾祺的孩子呢？很简单，我们想一下，如果葡萄园是妈妈，爸爸是谁啊？（学生笑）

生（齐笑）：汪曾祺。

师：对！（学生笑，鼓掌）其他有没有依据？我们再来看文章最后一小节是怎么说的："老鼠爱往这里面钻。它倒是暖和了，咱们的葡萄可就受了冷啦！"请注意，"咱们"能不能是一个人？不能，至少两个人，那这里的"咱们"除了作者还包含谁？

生（齐）：果园。

师：这样的依据在文中还有很多，同学们可以课后去找。葡萄在汪曾祺的眼中就是他的一个孩子，由此可以推出结论，汪曾祺是一个什么样的人？

生：汪曾祺就是一棵葡萄树。

师：非常好。葡萄的爸爸不就是葡萄树吗？（学生笑）今天我们这节课一起欣赏了汪曾祺为我们提供的一串葡萄，葡萄一样的语言，葡萄一样的散文，葡萄一样的心，葡萄一样的人。读散文，读现代散文，要读出人物的性情。怎么读出人物的性情呢？从语言入手，走进作者的心中。

好的，今天我们这节课就上到这里。谢谢同学们。

听者思语

（一）

汪曾祺的散文《葡萄月令》，有如一串葡萄，晶莹剔透，隽永蕴藉。品读黄厚江老师教学《葡萄月令》，也如品尝一串葡萄，越品越有味道。

黄老师首先请同学自己选择课文中的段落，通过诵读表达对文章语言风格的感受和理解，接着从具体的语句入手，认识文章亲切、生动、质朴、平淡，"随意而又精心"的语言特点，然后让学生将文章缩写成一篇短文，再给缩写的短文加题目，并且比较缩写文字与原文的不同特点，归纳出文章"说明文的内容，散文的意境，诗的语言"这一特点，再组织讨论"什么样的人才能写出这样的文章呢？什么样的人才能写出这样的《葡萄月令》来呢？"这个核心问题，直抵作者内心深处。最后，要求学生用一个比喻说说葡萄在汪曾祺的心目中的地位，并且要在文章中找到充分依据，水到渠成地理解了作者"葡萄一样的心，葡萄一样的人"的特点。

《葡萄月令》是苏教版高中教材选修板块《现代散文阅读》中的一篇。选修课怎么教，似乎没有定论，大家都还在摸索。黄老师认为：选修课的基本特征就是"要求高一点，容量大一点，活动多一点；专题意识强一点，选择余地大一点，学生自主再多一点，课程个性更强一点"。在课程导入时他就说："汪曾祺先生写了这篇散文以后，非常得意。后来，人们一般也把它当作汪曾祺的代表作，可是它能'代表'什么呢？这是一个有意思的问题。"显然，他的教学是要和学生一起探讨这篇散文所要"代表"的东西。接着他就先和学生品读平淡而隽永的"汪氏语体"，随意而精心的散文结构，然后再通过比较缩写进一步欣赏汪氏散文"说明文的内容，散文的意境，诗的语言"的审美特征和"汪氏风格"。

观《葡萄月令》课例，我们不免会为他课堂上的朴实无华所打动，呈现于我们眼前的是一桌地地道道的"家常菜"，没有动人的表演，也没有华美的现代化音像展示，用的都是语文的方法，有的只有涓涓流动的课堂。置身课堂，我们感受到的是学生沉浸于语文学习情境的内在激动和兴奋。教学过程行云流水，几大教学板块环环相扣，教师学生融为一体。没有刻意的"新"，没有做作的"巧"。方法是语文的方法，效果是语文的效果。教师在为学生的学而教，学生在教师引领之下学。普通的问题，平常的活动，自然的推进，足显大家的风范，展现出来的是语文教学和散文欣赏的真谛。比如有语言的活动，有感性的读评，有理性的品味，有全文的压缩，有特定指向的概括，既有读的训练，说的要求，写的提升，还有听的指导（记录中心词），这种全方位、多层次的语言实践活动，非大手笔是无法企及的。而缩写比较和用比喻说说作者心中的葡萄两个活动，尤其看出本色语文课堂的本色和智慧。家常的东西里面饱含着语文学习所需要的养分，若经高手烹饪，更是营养口味双赢。一切平而不淡，纯净质朴，有如汪曾祺笔下的葡萄。

（江苏省盐城中学陈俊江、江苏省苏州市立达中学张广武）

（二）

黄厚江老师在强化自我阅读体验的基础上，对文本作个性化的解读，始终从人性、文化和生活的角度去思考，去组织教学。开课伊始，黄老师从问学生有没有读三遍、两遍或者一遍文本入手，引出"坦诚"的关键词，借以了解学生熟悉文本的情况。学生并没有很好地预习，教者并没有受此影响，而是用关键词带动对文本的基本解读思路。整节课围绕"代表"二字展开。这具有提纲挈领的作用，切入点巧妙，概括力强。黄老师从"汪氏语体""汪氏散文""汪氏境界"三个方面分析"代表"的内涵，既涉及内容又涉及语言，还有人物情感，思路清晰，体现出名师对文本深度解读的能力。

叶圣陶先生曾经说过，阅读方法不仅是机械地解释字义、记诵文句，更紧要的还在多比较、多归纳、多揣摩、多体会，发现它的语言特征。这句话说的就是品味语言的重要性，黄老师上课过程中的一大亮点就是让学生品味语言。黄老师能根据学生的实际情况设计问题，善于引导，收到了很好的教学效果。所提问题针对性强，环环相扣，点面结合，重难点突出。比如黄老师提问"汪氏语体有何特征""汪氏散文有什么特点""什么样的人才能写出《葡萄月令》"仅此三个问题贯穿整节课，紧紧抓住问题核心所在，让学生从语言入手走进作者的内心，所提问题提升了学生各方面的能力。

高质量的问题必须以深度解读为前提。教师课堂提问时多、碎、浅、窄倾向比较普遍，这些都易导致教学的高耗低效，而黄老师让学生读课文，找一找文本中写了几个"多"的环节简洁明快，十分注意提高学生的阅读能力，问题设计巧妙，既激发了学生的阅读兴趣，了解了作者的语言风格，又训练了学生筛选信息的能力，增强了学生的鉴赏能力，陶冶了情操，提升了自信，开发了潜力。

再如提问"汪氏语体的特点是什么"，旨在提升学生鉴赏品味散文语言的能力。"什么样的人才能写出《葡萄月令》"，这一提问锻炼了学生综合运用多种资料赏析散文的能力。抛出问题的时机得当，通过具体语句表明：摇曳而有变化，自然而然，没有斧凿的痕迹。比如提问"什么样的人才能写出《葡萄月令》"，学生回答是熟悉葡萄的人，懂文学的人而无法再深入理解文本。这时黄老师读了一段汪曾祺之女回忆其父下放在葡萄园种葡萄的经历的文字，然后再次抛出同样的问题，这时学生茅塞顿开，迅速意识到汪曾祺还是一个热爱生活、热爱生命、心中有诗意的人。

黄厚江老师基于生活、人性立场的文本解读，带领学生走进人物内心世界去体会和思考，逐步接近人物的情感和思想，通过启发学生设身处地的联想，察觉不同寻常的细节，丰富了文章的内涵，让学生获得了不一样的学习体验。

黄老师较好地体现了互动式教学的精神，民主、自由、平等、开放，体现了"以人为本"的新型教学理念。课堂上学生都能够很好地跟着老师的步伐从容学习，课堂的最大亮点是学生能在黄老师的启发下独立思考和探究问题。在黄老师的调动下，从一开始学生参与热情就很高，一男生主动站起来诵读富有"汪氏语体"风格的部分语段，并得到了黄老师的充分肯定后，黄教师紧接着追问"平淡质朴怎么读"，并提示读书要"微微地摇着头，微微地闭着眼，节奏可以再慢些"。在这样的提示下,学生们跃跃欲试,学习的兴趣被激发了。在由文及人这一教学环节中,黄老师朗读汪曾祺女儿的文章段落,身体力行,用略显沙哑的声音范读,让学生认真听,记录下关键词,并且思考从这段文字中,能看出汪曾祺是一个什么样的人。学生都能够全身心地投入,积极地思考,主动地回答。尽管见解不一,但都能持之有据。语文教学就应该培养学生读出个性的思维品质。

接着黄老师让学生找找文中有"几个多",看谁找得既快又准。这个问题乍一听有些难度,但也有较大的思考空间,学生经过思考发现"时间名词多""色彩名词多""语音助词多",学生尽管概括得不够全面,但黄老师顺势利导,在学生概括的基础上,适当引导点拨,使学生进一步加深了对文章内容的理解。紧接着一个50字以内压缩概括文章内容的小练习,进一步调动了学生思考的积极性。一位学生经过酝酿准备后说出了自己的答案,黄老师借此又引导学生进一步压缩,学生的思维就这样一步步地得到了较为充分的训练。黄老师把压缩后的文字与原文进行了一番对比,使得学生较清晰地认识到散文与说明文语言的不同。最后,师生围绕作者的人生观进行探讨,联系苏轼的豁达与乐观,这也是思维的水到渠成。

黄老师在教学开头充分与学生交流,半开玩笑式的询问、略带禅机的学法指导,为之后教学过程的调整做好准备。在学生回答问题时,黄老师都能够做到走上前去,认真倾听。学生回答后,他都给予中肯的评价。每次设问都具有启发性,注意引导和激励学生的学习兴趣,如让学生朗读课文,提问学生,点评该生朗读,这个环节层层铺垫,启发学生品味语言的"淡"。课堂上鼓励学生大胆发言,不为老师左右。板书设计成葡萄串形式,精巧醒目,强化课题,撒得出去又收得回来,真乃大手笔。

黄老师的语言都别具个性,要么始终面带微笑、亲切随和,要么机智幽默，有激情、有活力。上课之前，问学生有多少预习的，得到不太肯定的答复后，他调侃了一下"向你们的坦诚表示敬意"没有拉下脸说教，有一种大家风范。当看到学生回答问题不够自信时，他对学生说"同学们回答问题要有自信，不要看老师的脸色判断答案是否准确——有些老师很狡黠的"。这句话调节了课堂气氛，缓解了有些同学的紧张情绪。教者年逾五十，自然有长者风范，语言朴素，铅华洗尽，正如教者所说"最高的技巧就是不要技巧"，那么笔者认为最好的语言就是朴素自然的语言。教者很善于通过朗读来表现文本，引用富有哲理或富有诗意的话来增加课堂的华彩，这就使得课堂的语言朴质又不枯涩，教者的语言也颇有文采。比如"生命好像是一个一个轮回，但不是简单的重复，而是传承"。比如课堂结尾的总结"他爱葡萄是真，爱劳动也是真，爱生活也是真。他有着这些真性情。只有拥有这些真性情，才能写出真文学"。声音悦耳、普通话标准，也增强了教者的语言表现力。

（江苏省盐城中学陈俊江、江苏省苏州市立达中学张广武）

教者思语

对文章语言"淡而有味"这一特点的品味不够到位，有急于求成、结论先行的嫌疑，对作者精神世界和品格的品读也不够充分。

《老王》教学实录

——走进作者"愧怍"的心

1. 初解老王

师：今天，我们一起学习《老王》。这是一篇现代散文，也是一篇写人的散文。大家注意，读现代散文，读写人的散文，不仅仅要关注文章所写的那个人，还要或者说更要关注文章中的"我"，也就是作者。

现在我们先来看看"老王"是个什么样的人。请大家阅读全文，找出文中概括"老王"特点的词。

生：老实。

师：请告诉同学们在哪一段。

生：在第五段。

师：请大家标画出来。还有吗？

生：不幸，在第三段。

师：很好。不幸，在第三段，而且不止一个，课文最后一段也有。

生：第二段，"脑袋慢"。

师：哦，"脑袋慢"。这个词加了引号，表示特定内涵。大家说说这个"脑袋慢"是什么意思？

生：滞笨。

师：“滞笨”？课文里有吗？这两个词能互相解释吗？不太好，“滞笨”一般是写动作，“脑袋慢”是写思想。第二段有一个词可以用来解释——

生：失群落伍。

师：对，失群落伍，是指思想上落伍。其他骑三轮车的都已经加入组织了，他还没有加入组织，这就是落伍，这就是“脑袋慢”。

有一个问题，大家有没有注意？作者“我”认为老王“老实”，但也有人认为他“不老实”。“不老实”有许多不同的内涵，比如，有人有小偷小摸的行为，我们会说这个人不老实；有人爱撒谎，我们也会说这个人不老实。你们说说，老王的“不老实”，可能指哪方面的问题？

（学生没有反应）

师：大家到第三段看看这个句子：“有人说，这老光棍估计年轻时不老实。"有两个词需要注意：一个是"光棍"，你说光棍不老实会干什么"坏事"呢？还有一个是"年轻"，年轻时候不老实，年轻的光棍不老实，会干什么"坏事"呢？尽管同学们还不是成年人，但从阅读的角度还是应该能理解的。——这个"不老实"的说法是否可靠，我们不敢断定——但我们可以由此看出老王在他那个群体中，是被人嘲笑的对象，是被人当作笑料的。——而这恰恰使我们看到他的"老实"。而且我认为，一个年轻光棍，有些不老实的事，也不一定是什么坏事，应该是正常的精神需求和情感需求，对不对？

生：呵呵呵呵呵。

师：我们刚才是从"不老实"中看出他的老实，他还有哪些老实的表现？

生："落伍"也说明他老实。

师：对。你想想看，形势变了，他反应不过来，等他反应过来的时候人家不要他了，这就是老实。"老实"这个词内涵也很丰富，可以是肯定，也可以是否定，可以说是不灵活，也可以说是不能干。鲁迅就说"老实是无用的别名"。大家想一想，老王的"老实"是指什么？

生：我觉得是一种诚实，也是一种善良。

师：诚实、善良。

生：还可以是正直。

师：都不错。我们再看看作者用哪些事情表现他的老实。文章表现老王老实，写了哪几件事？

生：送冰。

师：对，送冰。大家能从"老王给我们家楼下送冰，愿意给我们家带送"这句话读出什么言外之意？

生：别人不愿意。

师：其他人不愿意而老王愿意，这表现了老王的老实。老王的老实更表现在他不但愿意带送，而且——

生：减半收费。

师：老王为什么要减半收费啊？

生：因为是顺带送的啊。

师：你看多老实的一个人，不欺负外来户，不欺负好欺负的人；顺带的，就收一半钱，这是够老实的。其他还有表现他老实的事吗？

生：还有。

师：对，还有，哪一件事？

生：送钱先生。

师：送钱先生看病不要钱，是吧？那么，送钱先生看病不要钱，我们从中能看出老王什么样的老实呢？我们请同学们来读一读，看这句话该怎么读。

生（读）：我送钱先生看病，不要钱。

师：大家注意他的重音在哪里啊？对，不太清楚。大家体会一下，重音应该在哪里。

生：在"钱"。

师：在"钱"？"我送钱先生看病，不要钱"，那要什么呢？

生：在"钱先生"。

师：对，在"钱先生"。可是老王为什么送钱先生看病不要钱呢？当然，我们现在都知道钱钟书先生是一个学术传奇，是一个学术大师，可那个时候知道这一点的人并不多。黄老师不知道，老王更不知道。那时候，钱先生就是一个被下放的知识分子，一个失时的文化人。正因为如此，愈加看出老王的可贵和善良。他送钱先生看病不要钱是因为什么？

生：因为钱先生夫妇对他好，钱先生一家都对他好。

师：对。这是知恩图报。

生：因为钱先生夫妇是好人。

师：尊重好人的人也一定是好人。

生：钱先生生病了，他是对钱先生同情，就是对他不幸的一种同情。

师：是一种同情，一个不幸人对一对不幸人的同情。一个拉车的对两个文化人的同情。

生：还有一个原因是，钱先生是个老主顾。

师：分析得很好。老王不要钱肯定不是因为钱钟书先生在中国学术界的地位，但我想他一定知道钱先生是个文化人。所以，如果说这不要钱的原因，可能隐含着一个普通拉车人对文化人乃至对文化的发自内心的一种尊重，我想也并不牵强。倘若这一点成立，这在那样的年代该是多么可贵！

好的，我们就不拔那么高了。简单说，不要钱，是因为同情，是因为感激，是因为老主顾。因此，我们可见，老王的"老实"，不是无能，不是不灵活，也不是不能干，而是一种善良的品性。记得一位名人说过，一个人最美好的品德就是善良。好了，刚才我们解读了老王的老实善良，那么作者除了写老王的老实善良，还花了很多笔墨写了什么？

生：写他的不幸。

师：大家觉得老王有几大不幸？

生：他是有病的。

师：有病。对，第一个不幸可以说是残疾，眼残。第二个不幸呢？

生：没主顾。

师：对，被"组织"抛弃了，拉车的没车拉了。第三个不幸呢？

生：我觉得是经济方面的。

师：经济贫困。还有吗？

生：年迈。

师：年迈？年迈也是不幸吗？黄老师也快年迈了，就不幸吗？

生：孤苦伶仃。

师：这一点很重要，孤苦伶仃，没有亲人。归纳一下，有四大不幸：身体残疾，失去组织，没有亲人，经济贫困。其实还有其他的不幸，比如说，遭人嘲笑，被人戏弄……大家想一想：你觉得老王自己认为他最大的不幸是什么？

生：孤苦伶仃。

生：失群落伍。

生：遭人嘲笑。

师：都有道理。其他同学有没有不同意见？如果在三个不幸中选一个，你们觉得哪一个不幸对老王来讲是最大的？（学生没反应）我们换一个角度思考，老王他最大的渴望是什么？他心中最渴求的是什么呢？（学生还是没反应）

好的，我们来看课文第四节，（教师读）"有一天傍晚，我们夫妇散步……问起那里是不是他的家"，这个问题老王怎么回答的？

生："住那儿多年了。"

师：这个问题，一般情况应该怎么回答？

生：是，或者不是。

师：对。可老王为什么这样回答呢？这个回答说明是还是不是呢？

生：是，也不是。

师：非常好。是他家，因为他住这里；但又不是家，因为这不是他心中的家，因为在他心中这不像家。是啊，老王多想有个家啊！他心中的家应该有什么呢？他想要一个什么样的家呢？——有亲人，有妻子，有孩子,他渴望亲人的关爱,他渴望亲情的温暖。

2. 再读老王

师:好的。我们刚才先通过文中的一些关键词理解老王,然后又通过作者所写的具体事件理解老王,我们还通过别人的态度理解了老王,我们还试图走进老王的心中理解老王。我们知道了老王的善良,知道了老王的不幸。下面我们再深入一层,从作者与老王的关系入手进一步理解老王,同时也深入理解作者。

下面,老师读一下文章的第八段,看同学们听我读完之后会不会产生一些疑问。

(教师读课文第八段)

同学们有什么疑问?

生:最后一句话问"老王,你好些了吗?"但是实际上"我"前面已经看出来老王的身体不好了。

师:你的问题是,已经知道老王身体不好为什么还要问这句话,对吗?很好。大家说一说为什么问这句话。

(学生议论)

生:关心。

生:客套。

师:对,大家说得很好,看起来是关心,更多的是客套。这个客套,值得注意,也耐人寻味。有没有其他疑问呢?

生:老王为什么突然来到作者的家?

师:对,老王病那么重,为什么还要来作者家呢?来干什么?这也是个很值得关注的问题。如果从写作方法的角度去看,大家还有没有疑问？看来大家没有想到。黄老师读到这里，产生两个疑问：一般描写一个人，总会在字里行间渗透着作者的情感，作者为什么要用这样的笔调描写老王呢？这是一；第二个疑问是，这一段的笔调为什么和上下文很不一致？

（学生没有反应）

师：如果黄老师病了，来上课，也这样站在门口，你们会这样描写吗？

生：不会。

师：如果作者描写钱先生病了，会这样写吗？对，也不会。但为什么写老王要这样写呢？好的，我们再看下面一段。

（学生看第九段）

师：这一段有很多问题值得我们关注。先来看一个句子："我强笑说……""强笑"是什么意思？

生：勉强。

师：似乎也对。为什么要"勉强"笑呢？笑不出来硬挤着笑，这就叫"强笑"。作者为什么不想笑又必须笑啊？我们读书要反复揣摩。其他同学有没有不同理解？

生：老王自己身体不好为什么不给自己吃？

师：因为不明白老王为什么这样做，所以"我"就强笑了？似乎还没有找到最好的理解。大家想想，这个"强"字可以换成一个什么词？

生：苦。

师：哦，苦笑。其他同学呢？

生：应该是一种心酸愧疚的笑。

师：心酸愧疚。心酸什么呢？愧疚什么呢？又为什么要笑呢？

生：因为他不想让老王知道自己内心的悲观伤心。

师：不想让对方知道自己伤心，所以就强笑。

生：我感觉这里的作者和老王的关系不是非常的亲密。遇到老王就像我们遇到一个乞丐一样，我们非常同情乞丐，但是不知道该怎么办，自己又非常窘迫，有点愧怍，强笑就是不想让对方知道自己内心的这种复杂情绪。

师：哦，大家揣摩得不错，分析得也都有道理。但是我觉得你们对具体语境考虑得还是不够。刚才那位同学揣摩得非常好，但说"我"有点愧怍，值得讨论。作者在那个时候就愧怍了吗？送鸡蛋给"我"吃就愧怍了吗，我给了钱又愧怍什么呢。

大家还是要注意前后的具体内容。我们先看前一个句子："我也记不起他是怎么说的，反正意思很明白，那是他送我们的。"再看后面说的话："老王，这么新鲜的大鸡蛋，都给我们吃？"前一句的重音应该在哪里？在"送"。后一句的重音在哪里？在"给我们"。这就清楚了。"强笑"的原因就是老王将这么新鲜的大鸡蛋都送给我们吃。大家要特别注意是"送"是"给"，而不是买，也不是换。所以作者很意外，很尴尬，很为难，所以只能"强笑"。作者为什么为难，为什么尴尬啊？不收似乎不好，收了如果不给你钱更不妥当。潜台词是什么？是我和你的关系，绝不能白吃你的东西。作者为难之后怎么办？

生：给钱。

师：对，就是给你钱，这样就不欠老王人情了。老王也懂得了"我"的意思，赶忙止住我说："我不是要钱。"然后我也赶忙地说："我知道，我知道——不过你既然来了，就免得托人捎了。"大家再揣摩一下这句话的言外之意，有哪些信息？

生：以前老王拿鸡蛋来换过钱。

生：有时候"我"没有当时给钱，托人捎过。

生：以前"我"给老王钱的时候，老王也客气过，不要钱，不要钱，然后把钱塞给他，他最后还是要了。

师：揣摩得很好。"我"一再强调说"我知道，我知道"，大家想一想，"我"真的知道吗？"我"又知道什么呢？

生："我"知道老王拿鸡蛋是来换钱的。

生："我"知道老王不要钱是客套。

师：揣摩得很好。在"我"坚决的态度面前，老王就无话可说了，钱也收下去了。——大家看，老王真是个老实人啊！但我想，收下钱之后，老王的内心一定很复杂。

现在我们做一件事：请你站在老王的角度，想象一下老王这时的心理，用简短的话描述老王此时此刻的心情。

（学生思考）

师：哪位同学说说？

生：我觉得这些钱对老王来说是一种伤害——

师：请用老王的口吻来描述。

生：一方面，感谢杨先生一家对我的关心和帮助。

师：感激、关心。

生：对，另一方面觉得他们是社会上可以理解我的人。

师：可以理解、可以信赖的人。

生：但是，到最后发现他们从心里还是没有接受自己。

师：具体说，老王的心理有三个要点：一是老王对杨先生和钱先生的感激；二是内心里一直把他们当作最信赖的人；最后发现，其实他们之间还是有很大的隔阂，有距离。对吗？但你还是分析而不是描述。哪位同学是描述的？交流一下。

生：杨先生他们平时待我不错，他们常常照顾我的生意。卖些鸡蛋给他们，我的日子也好过多了。我现在要死了，想把一点鸡蛋和香油送给他们, 但杨先生却没有明白我的心思。不过, 这样也好, 让杨先生心安理得地吃那些鸡蛋和香油吧。希望他们能够好好过下去, 珍惜现在有家有温暖的日子。

师: 嗯, 是描写, 而且写出了更深的一层内容——虽然杨先生对老王的心思不理解, 但老王想这样也好, 可以让他们更安心地吃鸡蛋和香油。还有没有同学要说的? 没有? 好的。

黄老师读到这个地方, 想到老王这时的心理, 也写了这么几句:

杨先生啊, 我的鸡蛋和香油真的不是来换钱的啊。你看, 我这样子, 还能活几天呢。我这样的一个人要钱还有什么用呢, 我就是想把自己一点最值钱的东西留给我最亲的人啊。可我知道, 我不配有这样的心思。你们都是有大学问的人, 都是有身份的人, 都是有文化的人。可我呢, 一个大字不识的粗人, 一个名声不好的拉车人。你们两位不嫌弃我, 钱先生肯坐我的车, 就是看得起我, 是同情我, 是高看我, 是照顾我啊。可是, 杨先生, 钱先生, 我还是要在心里叫你们一声: 亲人啊!

3. 初解作者

师: 这是黄老师对老王心理的描述。与刚才的那位同学比, 要浅一些, 但有一点是共同的: 这个时候在老王的眼里, 杨绛夫妇是他的亲人。他孤老无依, 没有亲人, 最后一点东西, 就送给他的亲人了。值得我们深思的是: 在老王心中, 杨绛夫妇是他的亲人; 而在作者的眼里, 老王是一个什么样的人呢? 大家能不能找到一个确切的词来表达在作者"我"的心中老王是什么人?

生: 一个可怜的人。

生: 一个不幸的人。

生：一个需要同情的人。

生：一个熟人。

生：一个陌生人。

师：对。在作者"我"心中，老王只是一个不幸的陌生人，或者说是一个一般的熟人，一个熟悉的陌生人。

这样，我们对第八段的描写就可以理解了。这段描写让我们感受到作者的冷静和客观，因为她眼中看到的只是一个熟悉的陌生人，一个不幸的值得同情的人。请同学们回过头去，从上文"我"和老王相处的片段中，寻找这种"距离感"和"熟悉的陌生感"。

生：第一句就是，"他蹬，我坐，一路上我们说着闲话"。"他蹬，我坐"，让我感到一种距离。

师：对！你的语感非常好。为什么用这样两个短句子呢？"他蹬，我坐"，你看距离显得很远，他是拉车的，我是坐车的。如果揣摩一下就更有意思了。"一路上我们说着闲话"，为什么要说话？大家都有说话的欲望。对老王来说，除了"我"，又有多少人愿意和他说话呢？为什么说闲话？那年代，不说闲话还能说什么话？"我"和老王，不说闲话还能说什么话？——这就是距离，就是熟悉的陌生。其他还有没有表现老王和作者之间距离的内容？

生：第四节。

师：第四节，具体说是什么内容？

生：就是那次"我"问他家的时候，老王说住那儿多年了。如果是关系非常好的话，"我"应该会问他什么原因，可作者没问，说明作者不想多关心。

师：对，有没有关心啊，关心了；但是，这个关心的分寸把握得非常好，不往深处关心。这或许就是知识分子的特点，表现得很关心，却不往深处关心。其他还有没有? 我们一起看第五小节, 我读一下, "有一年夏天……我们当然不要他减半收费"。你们觉得这段话哪个词表现了距离?

生: "当然"。

师: 对, "当然"。为什么要有个"当然"呢? 你能感觉到作者一种什么样的心态?

生: 是一种陌生感。意思是我当然不能占你便宜, 好像没有任何感情色彩。

师: 除了陌生感、距离感之外还有什么感觉呢?

生: 居高临下的感觉。

师: 对, 是一种居高临下的感觉。因为我经济比你好, 因为我地位比你高, 因为我是文化人……所以我当然不能占你的便宜了。很好。我们再看第七段, 哪个词也表现了这种距离?

生: 幸亏。

师: 除了"幸亏", 还有哪个词?

生: "降格"。

师: 对。"降格"这个词, 就像第八小节里的"镶嵌"一样, 用了比拟的手法。这个修辞手法的运用, 表现了两个人之间的距离, 或者说表现了作者和老王之间的距离。从这个距离中, 我们看到一个什么样的作者? 我们刚才从作者角度读老王, 现在换一个角度, 从老王的角度读作者。作者是一个什么样的"我"呢?

生: 虽然说她对老王很同情, 也帮助过不少, 但又保持了一种距离。

师: 为什么要保持距离, 是什么原因呢?

生: 她并不把自己看作老王的同类。

师: 她不把自己看作是老王的同类, 说得很深刻。保持距离, 肯定与那样的时代有关。但主要原因, 还是心理上的不认同。想一想, 为什么作者不把老王看作和自己同样的人呢？

生： 有文化人的优越感。

师： 非常好。这种心理，的确是文化人的一种优越感；通俗说，是文人的清高；说得重一点，是文化人的狭隘和自私。可以说，她对老王的同情是不彻底的，她的善良我们觉得也是有保留的。所以，当时的作者杨绛，完全是以一种居高临下的眼光来看老王的。读现代散文，就是要读出文章中的"我"来。这里，我们就读出了杨绛文化上的优越感，清高甚至矫情。但这并不是杨绛先生的个人缺点，而是文化人、知识分子共有的一种缺陷，是他们这个群体和老王这个群体之间的天然距离。而杨绛先生在本文中敢于这样解剖自己，表达自我的反思——尽管这个反思迟到了几年——但却显得非常可贵，尤为值得我们尊敬。了解了这些，理解文章最后一句话，就变得水到渠成。

4. 再读作者

师： 大家想想，如果说当年的杨绛是以一种居高临下的眼光看老王，是保持着一种距离与老王交往，那么当她写这篇文章的时候，当她愧怍于老王的时候，她是用什么样的眼光来看老王的呢？

生： 仰视。

师： 对，是一种仰视。她发现与老王相比，自己是自私的，自己的善良不如老王那么纯净。于是她说"那是一个幸运的人对不幸者的愧怍"。可据有关资料显示，这句话在初稿上是："那是一个多吃多占的人对不幸者的愧怍。"大家想一想，这两者有什么区别？作者为什么要把这个"多吃多占"改为"幸运"呢？

生： "多吃多占"有点贬义，改成"幸运"就没有贬义了。

师：这是一个区别。（一学生举手）好，你说说——

生："多吃多占"的意思比较狭隘，它是指物质上的；改成"幸运"，内涵更广了，不仅指物质上的，还有精神上的，强调老王的不幸，不仅是物质上的不幸，更是精神上的不幸。

师：非常好，理解得很透彻。其他同学有没有不同理解？

生：有。我觉得还要广一点，其实整个社会的人可以分为幸运的和不幸的，但作者认为自己与老王相比就是幸运的人。

师：很有哲学意味。刚才第一位同学想到的是感情色彩的差异，这两位同学强调的是内涵不同。"多吃多占"的确是局限于物质上的愧疚，主要是着眼于两个人之间鸡蛋换钱一类的交往。起初，或者说当时，"我"认为拿钱买老王的鸡蛋是同情老王，帮助老王；后来发现，其实占便宜的不是老王，而是"我"。改成"幸运"的人，首先是概念上更对应了，表达更严谨；同时，内涵也更丰富了，更重要的是，这种愧疚感主要是着眼于精神，而不是物质。它表现了作者写作的思维过程，也表现了作者精神的反思过程。她对老王的高大，对老王善良品性的理解，都在不断地提升。

最后，我们再讨论一个问题，作者真的是幸运的人吗？

生：不是，她也是不幸的。

师：那么，她为什么又说自己是幸运的呢？

生：是和老王相比。

师：是的。她是不幸的，但和老王相比，她太幸运了。她经济还过得去，她还有钱先生。当写下这篇文章的时候，作者认识到，在我们这个社会中，最不幸的是老王这类人。可是要认识到这一点不容易。很多文化人，很多知识分子，往往喜欢夸大自己的不幸，以为自己是天下最不幸的人，而老王这样最不幸的人，却在那样的社会的最底层坚韧地生活着,并能坚守着做人的良知,是多么令人尊敬!大家知道那是什么样的社会吗?

生:"文化大革命。"

师:大家对"文化大革命"可能不太了解。人们一般都以为,"文化大革命"主要的罪过是对文化的践踏,这固然不错。但黄老师觉得,还有更可怕的一点,就是对人与人关系的伤害,是对善良人性的摧残。可以说,那是一个人人自危的年代,夫妻互相出卖,师生互相攻击,早上是朋友,晚上是敌人,卖友求荣,落井下石……这样的事,随时都会发生。人与人的关系,几乎到了最冷漠、最冷酷的地步。课文中对这样的社会背景和社会环境,也有所表现。大家有没有注意到文中这样的内容。

生:"过了十多天……"

师:对,就是这一段。大家读一读,体会一下老李的答话,看能体会出什么样的感情。

（学生读句子）

师:什么样的感情?

生:冷漠。

师:而老王这样不幸的人,却能在这样的环境中坚守着善良,坚守着真诚,甚至坚守着对文化人的尊重,是多么难得和可贵。我想,我们站在这样的立场,置身于那样的背景,来读老王,来读杨绛,来读《老王》这篇散文,或许更容易有准确的把握,也会有更丰富的收获。

今天这节课,黄老师和大家学习这篇文章,就是要大家知道,该怎样去。

读现代散文,怎样去读写人的散文,怎样去读懂散文中的"我"。好,下课!

听者思语

（一）

一如黄厚江老师其人，《老王》上得朴质、真实；一如黄厚江老师一以贯之的风格，《老王》上得自然、本色。听完黄厚江老师的这节课，我终于明白了，所谓大家，就是不为时髦所左右，孜孜追求自己理想的人。

我们或许会有这样的疑问：这节课是不是太没有特点了？老师占据的时间是不是太多了？事实上，这两个问题正是新课程背景下老师们最为关注的问题。

一节公开课，特别是名家的公开课，听课者一定期待其独特的亮点，期待高潮迭起。而黄厚江老师这节课恰恰是一节无新奇的家常课。但这样的家常课，与其说是平淡，不如说是淡定，是从容，是本色。正如一位会持家的主妇，虽然不够浪漫，却自如地、有条不紊地安排好一切繁杂的家务，且这样的安排是家家可以复制的。这正印证了那句老话：平平淡淡才是真。

从课堂的导入看，这节课没有任何噱头，而是老老实实地提出学习本课的重点：读现代散文，读写人的散文，不仅仅要关注文章所写的那个人，还要或者说更要关注文章中的"我"，也就是作者。这样的教学目的的设定，其实已经体现了教者的用心——不仅仅是读懂这篇散文，而是要会读散文。平淡中点明语文阅读教学的终极目标。

从教学流程看，似乎也没有什么大的波澜，没有特别的高潮，教者在不慌不忙中循循引导学生去发现问题、思考问题。在这一过程中，老师成为了老师,学生成为了学生,师生共同活动,高度和谐,各得其宜,各尽其责,这正体现了教学的本色。

回视整个课堂,都是教师引导学生去发现问题和探索问题,自始至终通过简要提问引导学生一步步去熟悉文本,钻进文本。比如读老王,黄老师引导学生从这样几个层次去思考:概括文章中形容老王特点的词语,文章表现老王老实写了哪几件事,从老王的内心需求是什么,别人对老王的态度是什么,从老王和"我"之间的关系去看是什么。这些问题的设置,不是为了教师的需要,而是为了引导学生的阅读,是为了引发学生的思考。更为可贵的是,这些问题在设置中,又并非平均用力,对于一些学生能自己解决的,黄老师一带而过,把主要精力放在学生不容易理解、恰恰能体现阅读深度和思考价值的两个问题上,即老王的内心需求和"我"与老王的关系上。这些问题解决了,文本也就读通了、读深了,教学目标也就达到了。所有这些也都体现了黄厚江老师的过程观:以过程为载体、为主轴,知识的掌握、能力的培养都应该在过程中体现。

在问题设置上,值得一提的还有机智地激发学生主动设疑的兴趣。比如,"老师读一下文章的第八段,看同学们听我读完之后会不会产生一些疑问。"又比如"老王病那么重,为什么还要来作者家呢? 来干什么? 这也是个很值得关注的问题。如果从写作方法的角度去看,大家还有没有疑问? 看来大家没有想到。黄老师读到这里,产生两个疑问:一般描写一个人,总会在字里行间渗透着作者的情感,作者为什么要用这样的笔调描写老王呢? 这是一。第二个疑问是,这一段的笔调为什么和上下文很不一致? "以老师的疑问,带动学生的思考,更重要的是启发学生如何在关键点上去设疑,这样的例子确实必要而且很高明。

到这里可以回答之前的疑问了,即老师占据的时间是不是太多了?

黄老师的课告诉我们,不要为了突出学生的主体性就竭力回避教师的引导作用,回避教师的讲授。教师在课堂上占据时间的多少,讲授内容的多少,没有一个绝对的标准,关键是看有没有必要,对学生、对教学有没有作用,作用大小。

黄老师一贯主张"以语言为核心,以语文实践为主要活动,以语文素养的提高为根本目的"。这一节课,我们随时可以体味到"语文味",体味到语文的本色,充分感受到什么是"用语文的方法教语文",尤其是对课文语言的品味,如关于"笨"和"笨滞"的体味,对"我强笑……"中"强"蕴含的深层意义的体味,对"他蹬,我坐,一路上我们说着闲话"中"他蹬,我坐"以及"闲话"意蕴的体味,"多吃多占"与"幸运"的比较,对"当然""幸亏""降格"的体味等等,无不体现出语文的特质。朱光潜先生曾说,词语没有想好,其实是内容没有想好。作为读者,如果不能从文本的语言中去体会作者深蕴的内容,又如何能真正读懂作者的情感精神呢?

最后有两点想和黄老师商榷。一是本堂课既然已经经历了由"善良""不幸"到"需求""渴望"的突破,那么,最后一个问题,即"作者是不是一个幸运的人",对于这堂课而言是不是一个必须探讨的问题?我以为,这堂课两个核心问题,即老王的内心追求和"我"与老王的关系,都与作者及老王幸运与否没有多大关系;至于引申到"文化大革命"的介绍,也没有多大必要,我以为那样反而会减少这篇文章深广的内涵。二是"老王这样不幸的人"与"却能在这样的环境中坚守着善良,坚守着真诚,甚至坚守着对文化人的尊重"两者之间有没有必然的逻辑关系?明白这一点是否真能"更容易准确地把握,也会有更丰富的收获"呢?

(江苏省扬州中学　陈国林)

（二）

黄厚江老师教《老王》，教得和别人不一样。听课教师都说好，学生也说好，但是好在哪儿呢？反复研读黄厚江的课堂教学实录，我总算悟出了一点心得：他是在用写人散文的方法教学生读散文。如此简单却又别具匠心，这就是黄厚江的"本色语文"。

这节课并不复杂，整堂课黄厚江老师都是在围绕"写人散文的方法教学生读散文"。解剖黄厚江老师的教学课例，可以发现他设计了两条线索、三个层次。

1. 两条线索

一篇文章从哪儿入手，这很关键。黄老师开宗明义："读写人的散文，不仅仅要关注文章所写的那个人，还要或者说更要关注文章中的'我'，也就是作者。"

首先，阅读写人散文，引导学生关注文章所写的那个人。黄老师的第一个问题就是：老王是怎么样的一个人？从整体入手是散文阅读的关键，学生很快就发表了看法，老王老实、不幸。可以说，这是所有老师都能关注的基本点。黄老师过人之处就在于他能在这个基本点上寻求突破，老王的老实可以借助别人评价"不老实"得到体现，也可以通过他的行动得以证实，他的老实实际上是一种诚实、善良。他的不幸有身体的缺陷，更有精神上的不幸。身体加上精神的不幸导致了老王人生的大不幸。黄老师的第二个问题是：老王为什么突然来到作者家中？这是理解老王的关键。黄老师引导学生读书思考，学生认识到老王送东西到作者家是来诀别的，是来感恩的。一个临死之人将自己最好的东西送给了"自认为的亲人"，这就是善良的老王。

其次，阅读散文，引导学生关注文章中显性与隐性的"我"。黄老师设计了三个问题，第一个问题是"作者为什么在'送鸡蛋'情节中如此描写老王？"——老王像一个僵尸、像个一碰就碎的骷髅。就是这个丑陋的病危的老王，却把自己最好的香油鸡蛋送给我们。这是一个下层劳动人民对知识分子的尊重，这是一个大老粗对文化人的感恩。第二个问题是"我对老王愧怍吗？"学生研读课文得出结论，作者做的够好了，但是她感到愧怍，她对自己当时对待老王的行为进行深刻反思。第三个问题是"作者是一个幸运者吗？"作者是生活中的不幸者，但是作者是精神上的幸运者，因为她经过反思得到了灵魂上的净化。

2．三个层次

首先，把握内容。阅读一篇写人散文，对所写之人、所写之事要有一个清晰的了解。黄老师问学生一个简单的问题，作者在文章中写老王为作者做了几件事？这个问题很简单，学生很快就找出三件事：送钱先生看病不愿意收钱，送冰且比别人的大只收一半的钱，送鸡蛋、香油是为了感恩。这是认知散文的基础。

其次，关注形式。送鸡蛋和香油是课文的关键点，黄老师抓住描写引领学生进行分析。作者把善良的老王描写得如此丑陋，完全超乎了人们的想象。黄老师问学生如果是钱先生她会这样写吗？如果是她的女儿圆圆她会这么写吗？都不会。那么，她为什么要这么写如此善良的老王呢？这就是作者的坦诚，十几年前作者内心的感受就是如此，所以作者就毫不保留地呈现给读者。这就是作者反思的勇气！学生不仅了解了描写，而且知道了作者采用描写的妙用。

再次，品味语言。语言是表达思想的工具。因为汉语言的复杂性，所以解读语言就变得异常艰难。黄老师经常抓住课文中一些词语，引领学生咀嚼，读出语言背后隐含的信息。在研读送鸡蛋、香油这个情节时，黄老师让学生品味"我知道，我知道——不过你既然来了，就免得托人捎了"这句话。经过分析，学生认识到作者当时并没有读懂老王，因此仍然要坚持给他钱，让老王最终的幻想破灭了。这就是作者当时的残忍！作者如此坦陈当时的言行，就是最好的反思与救赎。

（江苏师范大学教师教育学院副院长、教授　魏本亚）

教者思语

对文章重点片段作者对待老王送鸡蛋态度的解读，尽管想了一些办法，但自己总是不太满意，有点不自然，心理也有点不踏实，备课时真想找作者聊聊，可惜不具备条件。整节课还不够洒脱自然，收和放都有点拘谨。

《装在套子里的人》教学实录
——让人物从"套子里"走出来

1. 导　入

（师生问好，开始上课）

师：同学们，在外国文学中，有三位短篇小说家得到人们的特别推崇，有人称之为"短篇小说大师"，哪位同学知道他们是谁吗？

生：是美国的欧·亨利，法国的莫泊桑和俄罗斯的契诃夫。

师：对。你能说说他们的代表作吗？

生：欧·亨利的代表作有《麦琪的礼物》等，莫泊桑的代表作有《我的叔叔于勒》《羊脂球》，还有长篇小说《漂亮的朋友》《一生》等，契诃夫的代表作有《小公务员之死》《变色龙》。

师：很好。这三位短篇小说大师，不仅短篇小说的数量很多，而且都形成了各自独特的风格。欧·亨利以其"意料之外，情理之中"的结尾见长，莫泊桑的小说"以小见大，构思新颖"，哪位同学能根据在初中所学习的课文说说契诃夫的主要风格是什么？

生：幽默讽刺。（板书）

2. 赏析夸张的特征

师：今天我们一起学习他的《装在套子里的人》，进一步了解这位伟大作家的小说风格。

小说的标题叫"装在套子里的人"，现在请同学们快速阅读课文，数一数别里科夫身上有多少个套子。请大家边看书边做符号，在套子下面画横线。

（学生看书，做符号）（大约3分钟）

师：哪位同学先说说？

生：13个。

师：请具体说说。

生：雨鞋、雨伞、棉大衣、伞套、表套、刀套、脸套子、衣领、黑眼镜、羊毛衫、堵耳朵眼的棉花、车篷、壳子。

师：大家先看看有没有重复的。

生：有，"脸套子"就是"衣领"，还有"壳子"是一个总的说法，不能看成是一个具体的套子。

师：很有道理，那是不是就是11个套子呢？

生：不是。

师：还有哪些套子呢？

生：古代语言。

师：为什么呢？

生：因为"古代语言，对于他来说，也就是雨鞋和雨伞"。

师：你的分析方法很好，阅读理解就是要善于从文中找根据。那还有没有其他的套子？

生：还有许多，如"那些从没存在过的东西""政府的告示""报纸上的文章"，对他来说，都是套子。

生：还有，他最爱说的一句话"千万别闹出什么乱子来"，其实也是他的一个套子。

师：大家分析得非常好。其他还有吗？

生：他的房子、卧室、帐子、被子，也都是他的套子。

师：大家找得很细，分析也比较准确。课文这一小节有几个字词要注意一下（板书：就宵采僻）。那么，他的身上到底有多少个套子呢？

学生阅读数套子。有人说20，有人说24，发生争论，期待老师的结论。

师：我看同学们不用再争论了。为什么呢？——因为别里科夫身上的套子是无法数清的。除了小说里已经具体写出来的以外，其他有没有了呢？我看肯定还有（板书：数不清的套子）。但我想问一问同学们，在别里科夫身上最主要的一个套子是什么呢？

生：是思想上的套子，因为思想总是支配一个人的一切行动。

师：很有道理，但我以为还不够准确，或者说，我的观点和你的差不多，但又有区别。大家的意见呢？

（学生看书）

3. 解读夸张的情节

师：在小说中，作者花费笔墨最多的是哪方面内容？

生：恋爱的故事。

师：对。我以为，别里科夫身上最主要的套子就是爱情上的套子。为什么呢？一是作者前面写那么多的套子，花的笔墨并不怎么多，而写爱情这个套子，花了很多的笔墨。另一个原因是，任何情况下别里科夫都没有试图走出套子，唯有爱情的套子使他"昏了头"。然而，最终他不但没有能钻出套子，而且死在了这个套子上。

不过，别里科夫的恋爱不同于一般人的爱情故事，那么是一个什么样的爱情故事呢？请同学看书，然后用恰当的词语概括一下，给他的"爱情故事"加一个修饰语。想好以后，大家写在一张小纸上。我们马上比较一下，看哪一种概括比较好。

（学生看书概括，教师收集答案）

师：我们现在来比较一下下面几个代表性的意见哪一个更好：耐人寻味的、滑稽的、可悲的、可笑的、离奇的、昏了头的、漫画式的、可怜的。大家讨论一下，哪一个好，或者说哪一个不好。

生："离奇"不好。"离奇"是说不同寻常，一般指过程比较曲折，别里科夫的恋爱过程并不曲折。

生："耐人寻味"也不好。"耐人寻味"是说很含蓄，很有启发性，用在这里不当。

生："可怜"也不行,这并不是一个让人同情的故事。

师:大家的分析非常好。还有其他意见吗?

生："可悲"强调一种悲剧性,或者说手段不正当,用在这里也不妥。

师:现在我们集中看一看,剩下的几个哪一个更好一点。

生："滑稽"和"可笑"意思差不多,可去掉"可笑"。

师:现在还剩三个,我们表决一下。

(举手表决)

师:我看其中有一个内涵比较单一,也就是说不如另外两个内涵丰富,可以去掉。

生："滑稽"。

师:我也这么想。"漫画式"的内涵就包括了"滑稽"的意思。那么,另外两个哪一个更好,我看我们就不再讨论了。不过我表个态,我喜欢"漫画式"这一概括。当然用"昏了头"也不错。要提醒大家注意,用这一个概括,应该加一个引号,因为这是——

生:课文中的话。

师:作者在前文夸张的特征基础上,通过这样一个"漫画式"的恋爱故事更深一步揭示了人物的内心世界。不过,我想到这样一个问题:这个"漫画式"的恋爱故事,尤其是这个情节的结局,可信吗?为了认识这一问题,我们来思考一下,如果小说人物的结局不这样安排会有怎样的可能?

生:我认为有可能在校长太太等人的撮合之下,别里科夫渐渐平了气,并且在华连卡的影响之下逐渐改变了自己的个性,最后终于和华连卡结婚。

师:他的想象确实有点道理。大家看还有其他可能吗?

生:也可能从此和华连卡断绝了联系,并且发誓从此永不恋爱。

师：同学们还有其他的想象吗？如果没有，我们比较一下到底怎样安排最好。

生：和华连卡结婚是绝对不可能的，因为他们的性格绝对不可能合到一起，而且华连卡的哥哥也不会同意。

师：婚姻自由，我们主要还是考虑他们自身的因素，看他们的性格有没有调和的可能。

生：没有。因为华连卡是充满热情的，勇于接受新生事物的；而别里科夫是守旧的、保守的，甚至是反动的。两者的性格完全相反。

师：看来同学们对小说的理解的确有了一定的深度。那么会不会，也不谈也不死呢，就是说小说中安排别里科夫的死有没有必然性呢？

生：死是必然的。

师：何以见得？

生：因为小说中前面有几处暗示：他本来就通宵做噩梦，脸色苍白；漫画事件以后，课文几次写到他脸色发青，嘴唇发抖。

生：还有一处，课文说他"老是心神不定地搓手，打哆嗦，从他的脸上分明看得出来他是病了"。

生：而且当着华连卡的面从楼梯上摔下来对他打击也特别大，他当时就联想到许许多多可怕的结果。

师：刚才几位同学从小说对人物的神情描写、心理描写中分析了人物命运的必然性。看来几个原因一凑，别里科夫是必死无疑了。（有一个同学举手）好，你请讲。

生：我认为，不仅仅是这些原因。从人物性格发展的必然来看，也是必死无疑，即使这一次事件不死，为时也不会很长，因为已经发生变化的时世他是无法生存的。另一个原因是这样的安排也正和小说的风格相吻合，即通过夸张的情节来刻画人物，反映主题。

师：这位同学的分析很有深度。从人物命运的必然性入手，从时代背景的角度思考，尤其是从小说整体风格的角度考虑，对大家阅读小说、鉴赏小说是非常有意义的。通过以上的学习，大家对小说的内容，对别里科夫这个人物，应该说都有了较全面的把握。那么别里科夫是一个什么样的人物呢，预习提示中有两句话对他作了概括，哪位同学把有关内容读一下。

生：是一个保守、反动、扼杀一切新思想的典型人物，他维护旧事物，害怕新事物，反对变革，阻碍社会发展。

师：不错，预习提示的确是这么说的。但是我们通过前面的学习似乎对有些问题的认识还不够。比如，通过夸张的特征和"漫画式"的恋爱故事还不能充分看出他反动在什么地方。我们再来进一步思考，小说塑造人物除了运用特征的夸张和情节的夸张以外，还运用了什么表现手法？换一种说法，就是小说的幽默讽刺的风格除了体现在特征和情节的夸张以外，还表现在什么地方？

（学生看书）

4. 理解人物对比

生：还有对比。

师：请具体说一说。

生：表现在两个方面。一是他本身胆小怕事，成天把自己藏在套子里，但他又辖制着全城的人，使全城的人都害怕。二是他和华连卡兄妹的对比。

师：我们是不是可以这样概括：作者一是通过人物自身性格的不同侧面进行对比，一是通过人物之间的对比来进一步刻画人物。这里有一个字音要注意一下：辖，xiá（板书）。——不过，我倒有一个疑问，别里科夫怎么能辖制全城，使全城的人都害怕他呢，似乎有点不可信。

（有些同学点头，不少同学认为可信）

师：我们请一个认为可信的同学谈谈他的意见。

生：他自己"战战兢兢"是他怕什么地方会有违反政府规定的事，会出什么乱子，他辖制别人因为他不是代表了他个人，而是代表了统治阶级，是统治阶级的卫道士，人们怕他实际上是害怕统治阶级。

师：分析有深度。还有没有其他因素呢？

生：这是带有夸张色彩的情节，是由小说的幽默讽刺的风格决定的。

师：我觉得从这一角度去理解别里科夫能够辖制全城更切合小说的艺术特点。另外，人物之间的对比也是如此——要不别里科夫怎么会在华连卡的笑声中死去呢？但同学们想一想，作者的矛头是否指向别里科夫这个人呢？

5. 解读形象意义

师：我们一起来思考一个问题：这篇小说在翻译时，标题有两种译法，另一种译法为《套中人》，现在大家比较一下哪一个更好。

（学生根据观点表决，并分组讨论）

师：我们分别请一个代表发言，先请认为《套中人》好的代表发言。

生：简洁，而且特征更突出。

生：我认为，这一个"装"字非常重要。

师：为什么呢？

生：因为一个"装"字告诉我们，别里科夫成为套中人，不是他自己的责任，是别人，是沙皇专制制度的罪恶。

师：同学们，这两个不同译法的标题或许各有千秋，但这个"装"字的作用确实不可忽视，他点明了小说的深刻主题，告诉我们，别里科夫成为套中人固然有自身的原因，但更重要的是专制制度对知识分子的压制和毒害。可见作者的矛头不是指向别里科夫，而是指向——

生：沙皇专制。

师：同时，更深刻地告诉我们，别里科夫也不是个别的现象，而是——

生：一类人。

师：从什么地方可以看出，别里科夫是一类人呢？

生：课文最后。

师：好，我们来一起看小说的结尾。这段话四个句子有两层意思，大家看表示两层意思过渡的词语是什么，两层意思的重点又是什么？

（学生看书）

师：过渡的词语是哪个？

生："可是"。

师：从这个过渡词语可知意思的重点在前还是在后？

生：在后。

师：在哪一句？

生：在最后一句。

师：由此我们得到哪些启发呢？

生：别里科夫是一种社会现象。

生：别里科夫是专制制度的产物，要消灭"别里科夫现象"，必须消灭专制制度。

师：这确实是小说的深刻主旨所在。但是不是沙皇专制制度消灭了，"别里科夫现象"就没有了呢？

（学生沉默，部分同学摇头）

师：这倒是一个让人深思的问题，请哪位先谈谈自己的意见。

生：不能这么说，因为沙皇制度消灭了，还有其他的专制制度。

生：即使没有专制制度，但在旧制度影响下产生的套中人也未必就会绝迹。

师：分析得不错。还有其他意见吗？

生：在我们今天，在我们身边就有许多"套中人"。

师：请具体讲一讲。

生：像我奶奶，什么东西都是旧的好，凡事都要按老规矩，我看就是一个套中人。

（有同学发笑）

师：请大家看看，这位同学的奶奶是不是一个套中人。

（学生讨论）

生：老师你说呢？

师：我想先听听你们的意见。

好，大家不想发言。你们先表个态，我再说说我的意见。

（学生表决：有人认为是，有人认为不是，有人没有举手）

师：我认为不是。虽然我们首先应该明确，沙皇专制制度的消灭并不意味着就不再有"套中人"，但我们又必须把"套中人"和思想上有套子的人区别开来。因为"套中人"不是一般意义上的守旧，而是一个特定的文学典型，也是生活中一类特定人的代表。大家回想一下他的性格特征就清楚了。他保守、反动、扼杀新思想，好，大家应该清楚什么样的人才能叫做"套中人"了，同时，也应该知道奶奶是不是"套中人"。

生：不是。

师：对，同学们应当把"套中人"和思想上有套子的人区别开来，还要善于抛弃自己思想上的套子。

好，这篇小说今天我们就学习到这个地方。今后在阅读欣赏小说的时候，大家还应该学会抓住小说的特点阅读小说。像《装在套子里的人》这篇小说，幽默讽刺是它主要的特征点，而这个特征点又主要体现在特征和情节的夸张以及多层次的对比中，我们今天的阅读正是抓住这一点，逐步深入，把握了小说的人物和主题。

课后请同学们完成两个作业：

1. 这篇小说幽默讽刺的特征除了课内分析的内容还体现在哪些方面？

2. 运用抓住特征阅读小说的方法阅读《项链》。

听者思语

"找套子"这个环节是教者独具匠心的设计。一方面，通过"数一数别里科夫身上有多少个套子"这样一个主问题，组织学生进入文本学习，初步感知人物形象；另一方面，通过设问"数不清的套子中哪个是最主要的套子"，了然无痕地过渡到下一步内容的学习。

"如果小说人物的结局不这样安排会有怎样的可能？"这个问题的提出，属于"侧面入手，正面解读"。通过对"别里科夫和华连卡有没有结婚可能"的探讨，分析了人物之间的性格矛盾，或者说是性格对立，这就达到了正面深入解读人物形象的目的。

"那么会不会，也不谈也不死呢，就是说小说中安排别里科夫的死有没有必然性呢？"的"追问"，颇值得玩味。为什么要追问呢？因为学生的认识还不够深入，还没有达到对文本的深层理解。怎样追问呢？"看来同学们对小说的理解的确有了一定的深度"是追问的铺垫，"那么会不会，也不谈也不死呢？"这一句是极妙的追问，它肯定了"不谈"，这是已经探究过的，是承上；他又引导学生在"死"与"不死"的问题上进一步思考，是启下。这样的追问，引领学生的思维向着更高层次阔然前行。

课堂小结，看似无意，其实有心。它既对前几位学生的发言进行了总结，同时提炼出了明晰的欣赏小说的方法，即：从哪些角度来分析小说的情节。这个方法，既是学生自己活动得来的，又是经过老师提炼以后呈现的，且条理更加清晰。这样的课堂小结，不是"授"之以渔，是师生共同活动，教师"结"之以渔。

巧妙地穿插介绍了小说题目的另外一种翻译，学生通过对这两种翻译的比较分析，抓住一个"装"字，理解了专制制度对知识分子的压制和毒害，从而深刻地领会了小说的主题。此处穿插手法的精妙，在于挖掘小说主题的时候，不是生硬地直接灌输，也不是空洞地理论说教（那样的话，语文课就变为政治课了），而是通过语言分析活动水到渠成地达到了教学目的。所以，这个方法，是"语文"的方法，这样的课堂活动是"语文"活动。

按照常理，就课文题目的不同翻译进行比较分析，已经挖掘到了小说的深刻主题，学生也已经知道作者的矛头指向是沙皇专制，课文学习似乎可以画一个句号了。但是，教者意犹未尽，又将学生的目光聚焦到小说的结尾，这个"回扣文本"的环节，不仅不显累赘，而且更具匠心。前面的穿插引进，对比分析，毕竟还属于"借助外力"，这里着眼于分析小说结尾四个句子的两层意思，探究两层意思的侧重，则是直接着力于文本，如此，两者互为补充，反复强调，使得学生对小说的主题认识更为清晰和深刻。

"把套中人和思想上有套子的人区别开来"，是课堂学习过程中的一个"意外"。如何应对学生思维活动中的"旁逸斜出"呢？教者采取了两个步骤：学生讨论、教师讲析。我们注意到，在讨论过程中，学生的思维出现了滞碍，此时，教者的讲析就显得尤为必要。教者首先明确表达自己的看法——"我们必须把'套中人'和思想上有套子的人区别开来"，评判清晰利落；接着，阐明理由，强调"'套中人'是一个特定的文学典型"，结合课文内容讲解文学欣赏的专用术语，说理充分透彻；最后提醒学生"要善于抛弃自己思想上的套子"，融人文教育于文学作品的学习，手段睿智高明。这样的讲析，就是"启发"，就是"延伸"，就是"提高"。

这堂课的教学思路是：赏析特征的夸张——解读夸张的情节——理解人物的对比——解读形象的意义。这样的教学思路，既尊重了小说的文体特征，也尊重了这篇文章的"个性"特征，师生的文本解读如庖丁解牛，让人叹服。

从课堂的整个流程看来，教者科学而艺术地处理语文的工具性和人文性的"统一"，是这堂课的一个基点。

首先，人文性是在语文的工具价值实现过程之中得到体现的。对别里科夫这样的保守、反动人物的认识和批判、对专制制度的警醒和揭露，都是在情节、人物的作用分析以及夸张、对比的艺术手法欣赏中体现出来的，在工具性中体现人文性，这样做符合《普通高中语文课程标准》中把"工具性"任务放在首位的基本定位。

其次，人文性在语文教学中的体现是自然而然、和谐融合的，不是牵强附会，更不是拔高的"思想教育"或"人文教育"。对于别里科夫是否能够与华连卡恋爱的讨论，对于别里科夫是否一定会死去的探究，很自然地渗透着这样的人文思想：一切保守与反动的思想，都阻挡不住滚滚的文明历史发展的潮流。尤其是在纠正学生的错误认识的时候，教者顺势带了这么一句"同学们应当把套中人和思想上有套子的人区别开来，还要善于抛弃自己思想上的套子"，这句话，既是基于"工具性"学习的提醒，也达到了人文教育的目的。

是不是可以这样说，教者在语文课堂上培养学生积极进步的人生态度和丰富健康的情感，并将其融合在语文学习、语文实践的过程之中。

在语文学习活动中融合知识教学是这堂课的一个看点。

教者似乎不经意的两次"提醒"：第一次，教者在学生阅读分析活动时，提醒学生注意"辖"这个字的读音，还提醒学生注意"兢宵采僻"这四个字的写法，这个提醒，就是生字难字教学与语言分析活动的融合；第二次，学生概括别里科夫的恋爱故事，有一个学生说是"昏了头的恋爱故事"，老师提醒说："用这个词语概括，要加引号，因为这是课文中的话。"这个细节，其实就是语法知识教学与语言概括活动的融合。

这堂课涉及的相关语文知识："短篇小说大师"以及他们的创作风格等文学常识；"离奇""耐人寻味""可怜""滑稽"等词语含义的辨析；阅读、鉴赏小说的方法角度；夸张和对比的表现手法；小说结尾"可是"这个过渡词前后分句的语法分析……教者对它们的处理，没有一处是纯粹的知识点的教学，而是随机渗透，将它们巧妙融合在语文学习活动的各个环节之中。

我们再来看教者对文体知识的处理：这是一篇小说，但是教者在学生的阅读活动中，似乎并没有强调小说的要素，而是在学习过程中，突出分析了"人物特征""小说情节的夸张"，在学习过程中照样体现了小说这种文体的特点，而且文体知识也就自然地融合进阅读欣赏活动之中了，比一味按照小说三要素来组织阅读活动更灵动，更尊重文本的阅读个性。

科学有效的语文训练是这堂课的一个美点。

语文教学必须进行有效的训练，已经成为语文老师的共识，但是仍然有不少老师在潜意识里将训练与做练习等同起来。认识的狭隘必然导致训练质量和效益的低下。

这堂课,教者设计了这样一些训练:

语言梳理:浏览课文,说一说别里科夫身上有多少个套子;

语言概括:用恰当的词语概括一下,给别里科夫的爱情故事加一个修饰语;

情节假设:如果小说人物的结局不这样安排会有怎样的可能;

语言欣赏:从夸张和对比两个方面欣赏课文幽默讽刺的语言风格;

主题探究:从课文标题两种翻译的对比以及结尾句中"可是"的语法分析两个方面探究作品主题。

综观这些训练,虽然呈现的形式不一,但是共同之处很明显:都是立足于语言实践的训练;都是指向文本解读和欣赏的训练;都是引导学生思维螺旋上升的训练。

仔细推敲这堂课上的训练环节,仔细揣摩这堂课上教者的训练意图,我们不难得到这样的一个结论:语文课堂教学中一切意在提高学生语文素养的活动,都是训练,语文教学的整个过程,就是训练的过程。

教者的教材处理艺术是这堂课的一个亮点。

先看"切入"。教者避开了小说阅读欣赏从三要素入手的"通俗手法",从"别里科夫身上的套子"入手,这既能感知课文,又能感受夸张手法,更能直入主人公的内心世界,这一刀切下去,立显教者研读文本水平之高、技艺之精。这样的"切入",犹如庖丁解牛,是"以神遇",而不是"以目视"。

再看"运刀"。教者的课堂是有"板块"的,在每一个"块"状的学生语言实践活动中,学生的思维都能得到集中而充分的训练,从而避免了东砍西剁、鸡零狗碎。同时,我们也看到,这些活动板块之间,又有着内涵的浑然衔接与交叉，教者巧妙创造情境、设梯架桥，绝没有一处是指指点点、硬塞结论的。我们看到的是，教者引领学生在文本中来来回回地走，使其心动，促其智启，引其自悟。教者的每一招每一式，"因其固然"而"游刃有余"。

（江苏省江阴市语文教研员　徐　杰）

教者思语

　　文本的解读，新意不多，教学空间不够开阔；人物关系的理解，失之于简单；教学方法过于老实，活动形式不够丰富，缺少足够张力。

古诗文教学

《黔之驴》教学实录

——把一篇寓言读成几个故事

1. 导　入

师：同学们，我们今天一起学习一篇文言文《黔之驴》。"黔"这个字的读音同学们要特别注意，会读了吗？

生：会。

师：那读给我听一下。

生（齐读）：qián之驴。

师：好的。知道这个作者吗？

生：柳宗元。

师：哦，柳宗元，唐代的，是非常著名的散文家，他在文学的很多方面都有很高的成就，而最有影响的是寓言。大家知道什么叫寓言吗？

（板书"寓言"）

生：寓言一般是借一个小故事讲大道理。

师：非常好，概括得非常简要、明晰。一要有故事，二要有道理，通过故事讲一个道理（板书"故事→道理"）。不过大家还要注意，寓言故事的主要形象一般不是人，是什么？

生：动物。

师：对，寓言的故事大多数是以动物作为主要形象，有时候也会是植物。那么，我们今天要学习的这个寓言的主要形象是谁啊？

生：驴。

师：对，是驴。这是一篇以一头驴为主角的文言文寓言。

2. 朗读课文

师：我们都知道，学习文言文要多读；同学们来试一试，看怎样把这篇文言文读好，最好能读出寓言的特点。有哪位同学愿意试一试？

（一生举手，指名读全文，读得比较生疏）

师：好的，总体把握得不错，但是有几个地方不太好。比如有几个读音还要注意："慭慭然"的"慭"，读yìn，而不是xīn，"跳踉"的"踉"，读liáng，而不是láng，"跳踉大㘎"的"㘎"，读hǎn，而不是gǎn，书上都有注音，大家看注释一定要仔细。还有几个句子的停顿处理得也不太好，读文言文一般要比现代文慢一些，太快了句读就不清楚，比如"以为/且/噬己也"，停顿要清楚。另外呢，要把寓言的特点读出来，语调还要再稍微夸张一些，因为是讲故事嘛。下面请同学们跟我读一遍好不好？

（师领读，强调重点字的读音、关键句的停顿，语调适当夸张，学生跟读）

师：好，同学们课后还要反复读，读好文言文是一种享受。要尽可能背下来，多背文言文，对今后的学习很有用。

3. 读 驴

师：下面我们来深入学习这篇寓言。刚才我们说过，这篇课文的主要形象是驴，现在我们看看这是一头什么样的驴。

请同学们快速地看一下课文，用你们习惯的标记画一画、标一标，课文的哪些语句写到了驴。

师：好了，都标好了是吧？第一处写驴的是哪一句？

生："庞然大物也。"

师：哦，"庞然大物"，这的确是黔之驴的重要特征。"庞然大物"是什么意思？

生：很大的东西。

师：写驴个子很大，这是从哪个方面写驴？

生：写驴的形象、驴的外形。

师：（板书：驴的外形）大家注意，成语"庞然大物"不只是表现大，还有其他言外之意，后面我们再一起研究。"庞然大物"是第一处写驴的语句吗？这个句子前面还有写驴的吗？

生：有。"黔无驴，有好事者船载以入。"

师：什么叫"船载以入"？

生：用船运到贵州。

师：这句话告诉了我们黔之驴的来历（板书：驴的来历）。其他还有写驴的吗？

生："至则无可用。"

师："则"是什么意思？

生：就。

师：好。后边还有哪些地方写驴？

生："驴一鸣。"

师：驴的叫声很响很长，很特别。这是写"驴的特长"（板书：驴的特长）。还有没有写驴的句子了？

生："觉无异能者。"

师：谁"觉"啊？

生：老虎。

师：对，这句话通过老虎的心理活动写驴；我们由此可以看出很重要的一点：驴子没有特殊的本领。

前面写了驴的特征、驴的来历、特长、驴的本领，后面还有没有了？

生："驴不胜怒，蹄之。"

师：哦，也是写驴的本领，什么本领？

生：用蹄子踢。

师：（板书：驴的本领）哪个词是"踢"的意思？

生："蹄。"

师："蹄"本是名词，这里用作动词。"驴不胜怒，蹄之"，意思是驴子承受不住愤怒，就用蹄子踢老虎。

理解这个寓言，要特别关注驴的下场。哪句写出了驴的下场？

生："断其喉，尽其肉。"

师：对。这句是写老虎，但我们由此知道了驴的下场是被老虎咬断喉咙，吃完了肉（板书：驴的下场：被断喉、被吃肉）。读课文要思考，读寓言更要思考。有没有想过驴为什么会有这样的下场？

生：没有老虎厉害，本领没有老虎高，没有老虎强。

师：说得很好。这个意思课文里是怎么说的？

生："无异能。"

师:"无异能",没有特殊的本领,所以被吃。

大家想一想,驴的悲剧给我们什么教训呢?或者说从驴的悲剧我们懂得了什么道理呢?

(学生沉默)

看来大家还没有思考过这个问题。不过,我们可以换个角度思考:这个寓言给我们留下一些大家都很熟悉的成语,同学们知道吗?或者说由贵州的这头可怜的驴子你们想到哪些成语?

生:黔驴技穷。

师:(板书:黔驴技穷)驴最后一招是什么?"蹄之",使出这最后一招,老虎放心了,驴已经没有其他本领了。"黔驴技穷"这个成语,现在就比喻最后一点本领也用完了,形容那些表面强大,其实没有什么了不起的人。与这个成语意思相近的,还有一个成语,大家知道吗?

生:黔驴之技。

师:对,与"黔驴技穷"意思差不多的是"黔驴之技"。除了这两个成语,还有一个写驴的形象特征的词现在也是一个成语,它是——

生:"庞然大物。"

师:对。"庞然大物",也是成语。大家想一想,从驴的教训看,这个成语除了形容很大,还有什么意思呢?

(学生没有反应)

师:能不能说很大的东西就是庞然大物呢?比如姚明个子很高大,能说姚明在篮球场上是个庞然大物吗?

生:不能。

师:那么除了大,"庞然大物"还有什么意思?与黔之驴的故事联系起来看,什么样才叫"庞然大物"?驴与虎比,很大,但最后被老虎吃了。这告诉我们"庞然大物"不仅是大,而且是——

生：表面强大。

师：对，是大而无能，大而无用。个子大不是缺点，我们有些男同学个子很高大，篮球打得好，学习成绩又好，品德也很优秀，那就不能用"庞然大物"来形容他们。

好的，驴子的故事就说到这里。黔驴技穷，黔驴之技，庞然大物，就是贵州驴子留给我们的教训。这大概也是作者要告诉我们的道理。但我们读这则寓言可以读出更丰富的道理。

4. 读 虎

师：同学们有没有注意到，《黔之驴》这篇课文的主要笔墨是写什么？是写驴吗？

生：不是写驴，主要笔墨是写老虎。

师：对，主要写老虎，老虎是胜利者。同学们有没有想一想，老虎为什么能把庞大的驴子给吃了？

生：老虎很勇敢。

师：老虎一开始就勇敢吗？

生：不是，老虎一开始怕驴子，后来了解了驴子，觉得驴子没有什么本事，就不怕了。

师：能联系课文说说吗？哪些地方表现老虎害怕？

生："虎见之，庞然大物也，以为神，蔽林间窥之。"

生："驴一鸣，虎大骇，远遁，以为且噬己也，甚恐。"

师：对，这些句子写出了老虎害怕："大骇"，"骇"就是害怕，"甚恐"是非常害怕；"以为神"，把它当作神仙，可见有多害怕；"蔽林间窥之"，"远遁，以为且噬己也"，这些动作和心理也都是写老虎害怕。见到这样庞大的东西，害怕是正常的；但老虎的可贵在于害怕而不逃避。它后来为什么不害怕了？

生：它观察了解了驴子。

师：怎么观察的？

生："稍出近之。"

生："往来视之。"

生："近出前后。"

生："稍近益狎，荡倚冲冒。"

师：这就是老虎的聪明。作者写老虎对驴子的了解非常细致，也非常有层次，先稍微靠近一点试探性地观察，再前前后后反复观察，然后是再近一点挑逗性地观察，形象地写出了老虎的机智，一步步观察、试探，终于摸到了驴子的底细。可以说，老虎能够战胜驴子，最主要的不在于勇敢，或者说还有更主要的原因，是什么呢？

生：我觉得有两点。第一点是自己本身的力量比较强大。

师：这一点很重要，但应该不是最主要的。课文里写老虎的强大了吗？（学生：没有）对，没有写，因为老虎强大，大家都知道；同时也说明作者认为这不是主要原因。好的，本身强大算一个原因，驴子"无异能"，而老虎有本领。那第二个原因呢？

生：第二点是老虎对自己不认识的事物首先去熟悉它，仔细观察。

师：非常好。对不了解的觉得害怕的东西，不只是躲起来，而是慢慢熟悉它、认识它。如果老虎一开始畏惧之后就远远地躲起来，听驴子一叫就永远不敢靠近它，最后还能吃到驴吗？

生：不能。

师：所以，除了自己有本领以外，老虎还细心地观察了解驴子非常重要。可以说，老虎是有勇有谋，而且谋更重要，机智，用心。

　　大家想一想：从老虎取得胜利的角度看，这又给我们什么启发呢？我们一起回顾一下老虎的行为：

　　看到驴子，"以为神"，以之为神，很害怕；"蔽林间窥之"，躲在林子里偷偷看；"稍出近之"，稍微靠近一些；"憖憖然"，小心谨慎的样子；"莫相知"，还是不了解它；"又近出前后，终不敢搏""荡倚冲冒"，再进一步观察，最后盘算一番。老虎的心理写得很复杂，由惧怕，到了解，到吃了驴子，这个过程告诉我们什么？

　　生：想要取得胜利就要了解敌人。

　　师：对，想要战胜对手就要了解对手。说得多好！

　　驴的悲剧给我们留下了"黔驴之技""黔驴技穷""庞然大物"这些成语，当然都是贬义的。如果也仿照这些成语提炼一些词语概括老虎给我们的启发，大家想一想，可以用哪些词语呢？——大家好好动脑筋，说不定这些词语将来也就成为成语呢。有没有同学想到？

　　（学生思考）

师：前面是"黔驴技穷""黔驴之技"，那么，这里可以是——

生：黔虎——

师："黔虎"怎么样呢？

生：吃驴。

师：不错，老虎是把驴吃了。但似乎太赤裸裸了，而且老虎最可贵的也不是"吃驴"，大家看老虎最可贵是什么呢？

生：是一步步了解驴子。

师：所以，我们可以归纳为"黔虎识驴"，或者叫"黔虎之智"，如果这两个词成了成语，意思就是告诉人们：对外表强大的东西，不要害怕，只要了解了它，找到它的弱点，就能战胜它。对不对？

生：对。

5. 讲故事

师：我们刚才解读了驴的故事，也解读了虎的故事。下面我们开始根据课文从不同角度讲故事。请同学们不看书，讲一讲《黔之驴》的故事。好不好？

请大家注意：前面我们读课文时说过，讲故事，语调应该怎么样？（部分学生：夸张一点）对，适当夸张一点，可以突出形象特征，表达自己的感情。其次，要注意口语化，不要仅仅是翻译。比如"荡倚冲冒"，就不必说成"碰撞靠近冲击冒犯"，可以就说"老虎就用各种动作戏弄挑逗驴子"；"驴不胜怒"，也不必说"驴子承受不住愤怒"，可以说"驴子终于忍不住发怒了"。还可以适当想象补充，当然不能脱离原文，不能违背原文的意思。比如"蹄之"，不妨说成"使足浑身的力气猛向老虎踢了一下"。

好的，哪位同学来先来试试，用自己的话来说说"黔之驴"的故事。大家小时候，一定讲过故事，或者听别人讲过故事，讲故事怎么开头？

生：从前……

师：对，从前，贵州这个地方，怎样？

生：没有驴子……

师：好的。哪位接着讲？

（一生举手）

生：从前，在贵州这个地方呢没有驴，有一个人呢就用船把驴载到贵州去。到了贵州呢，这头驴就没用了，就把它放到了山下。老虎看见了，觉得它是一个庞然大物，当作神来看，就躲在草丛里面窥探，一会儿出来，一会儿进去，但是呢还是不了解这头驴。之后呢驴叫了一声，老虎很害怕，远远地往后退，以为驴要吃它，非常害怕。又往前面看一看，觉得它好像没有什么本领，慢慢地就习惯了它的叫声。但是呢朝它看看又不敢跟它搏斗，它往前靠一下驴，想要试探一下它。驴呢？驴很生气，就用蹄来踢它。老虎感到非常高兴，它想：原来你就这么一点能耐！于是就跳了起来，咬断了它的喉咙，吃光了它的肉，满足地离开了。

师：讲得非常好。语气词比较多，很像讲故事。前面一部分比后面一部分更好，后面内容还可以再丰满一些。有些句子还不够形象具体，还是生硬的翻译，比如"庞然大物"，就没有用自己的话来表达，可以说成"从来没有见到过的巨大的东西""当作神来看"，可以说成"心里想，这莫非是天上下来的神怪"。还有那个"载"，不能还说"载"，应该说成"运"。好的，总体来说，讲得不错。

刚才这位同学是以作者的口吻讲了这个故事，或者说是用第三人称讲故事，能不能换一个人称用第一人称来讲？第一人称该怎么讲啊？

生：我是一头驴……

师：这是以驴的口吻。

生：我是一只虎……

师：现在我们就用第一人称讲这个故事。男同学就做"驴"，女同学就做"虎"，好不好？

生：好——

生：从前贵州没有驴……哦，从前贵州没有我……

师：这句听起来很别扭。想一想，怎么说比较好？

生：从前我没去过贵州——

师：好。请接着讲。

生：从前我没去过贵州，有人用船把我运到贵州，到了贵州发现我一点用处也没有，就把我放在山下。然后我看见一只老虎，一直看着我。老虎看我的眼神，好像非常害怕。我没有理它。可是，它总是在我面前走来走去，我觉得很讨厌，就大叫了一声，那老虎撒腿就跑了。过了几天，老虎又来看我了，我又叫了几声，可老虎无动于衷。不过老虎还是不敢跟我打架。又过了几天，老虎来冒犯我，我非常地愤怒，就去踢它一下，老虎很高兴……

师：讲得很好，人称转换得不错，补充想象也比较好。"老虎看我的眼神，好像非常害怕。我没有理它。可是，它总是在我面前走来走去，我觉得很讨厌，就大叫了几声，那老虎撒腿就跑了。"很形象，想象也合理。可是后面有些草草了事。我要问你：你怎么知道老虎很高兴？

生：我看出来的。

师：哦，就是看见老虎面露喜色——

生：我看见老虎面露喜色，突然向我扑了过来……

师：后面一句不太好说了，因为喉咙被咬住了……大家看看怎么结尾？

生：眼睛一黑就什么也不知道了。

师：尽管老套，还算可以。下面请老虎讲这个故事。

生：我是一只生活在贵州的老虎。有一天，一个人把一个我也不知道的什么东西放在了山下。我看到了，感觉这东西……我觉得这东西像神一样，竟然那么大。我躲在草丛里偷偷地看它，我想慢慢地了解它。可是我仍然不知道它是什么。有一天，这个东西突然间大叫了一声，真可谓是河东狮吼，我害怕极了，远远地逃走了，我以为它要把我给吃掉，非常地害怕。后来我又来看了看它，觉得它并没有特别的本领，只是会叫。慢慢地我就习惯了它的叫声，我准备进一步了解它，但是我仍然不敢跟它搏击。后来可能它看到我在不停地看着它吧，它生气了，用蹄朝我一踢。我就发自内心地感到高兴，原来它就只有这点技能。我马上蹄过去，咬断它的喉咙，把它的肉全部吃掉，满足地离去了。

师：讲得挺好的。不过"我马上蹄过去"不太好，你是老虎，怎么说自己是"蹄"呢？

生：扑过去。

师：对，应该是"扑过去"。同学们讲故事的水平不低。

我要问你们，如果你是驴，对你的小驴们讲这个故事，要告诉它们什么道理呢？

生：要有真本领。

师：有道理。还有不同见解吗？

生：不要轻易暴露自己。

师：这话好像没有说完。

生：不要轻易暴露自己的底细。

师：是的。在对手面前，的确不能轻易暴露自己的底细，虚张声势更没有什么用处。如果你是老虎，对小老虎们讲这个故事，你会叮嘱它们什么呢?

生: 遇到强大的对手不要害怕。

师: 仅仅不害怕就行了吗?

生: 要摸清对手的底细。

师: 要了解对手,找到它的短处,抓住它的要害,就能战胜强大的对手。我们解读了驴的故事,解读了虎的故事。同学们有没有产生什么疑问?

(学生没有反应)

师: 刚才我们都发现了,这篇课文主要的笔墨是描写老虎,写它的心理,写它的动作,尤其是写动作,十分细致,十分传神。

6. 解读好事者

师: 可是为什么课文题目却是"黔之驴",而不是"黔之虎"呢?

(学生小声议论)

师: 有同学愿意说说自己的想法吗?

生: 作者心中把驴子作为主要形象。

师: 这位同学很不简单,说得非常有道理,见解很深刻。作者的确是通过讽刺驴的愚蠢来表达主题。作者写这篇寓言,有很强的现实针对性。当时,中唐时期,身居高位的人之间,豪门贵族之中,有很多人,只是徒有其表,并没有什么本领。柳宗元塑造这个蠢驴形象,就是为了讽刺这些人。所以作者对驴的态度和对虎的态度截然不同。我想问问大家,有没有同学对驴的态度和作者不同,而是站在同情的立场上看待驴的,有没有?

生(部分)**:** 有。

师: 你为什么同情驴呢?(指名一学生问)

生：我觉得驴好可怜啊！

师：哦，你觉得被吃的驴可怜，说明你很善良。能说说其中的道理吗？

生：驴和老虎打架，当然很吃亏。

师：这句话有意思。就是说，如果不打架，比试其他事情，那驴就有可能赢了老虎。对吧？

（生点头）

师：这位同学的思考，非常有深度。顺着她的话想一想，其实驴并非"无用""无异能"，它也很有本领，但不是打架的本领。同学们都在城里长大，没见过驴，也不了解驴。老师见过，而且知道，驴也很有本领，拉磨，拉车。在东北，以前家里有一头毛驴，那可不得了。问题是，现在它来到了贵州，所以"至则无可用"，到贵州才显得没有用处的。——如果刚才以驴的口吻讲故事的同学能讲到这一点，就更好了。当然你不了解驴，所以不知道。——其实，这也是作者以"黔之驴"为题的一个原因，告诉我们这是驴来到贵州才会有的悲剧。从这个角度看，驴的悲剧，主要责任并不在驴自己，而在谁呢？

生："好事者。"

师：我也觉得是这样。驴的悲剧根源，不在驴本身，而是这个"好事者"造成的！如果从这个角度思考这篇寓言的主题，我们可以提炼一个什么词语概括这个故事呢？

生：运驴到贵州的悲剧。

师：抓住了主要内容，但不够概括。成语都是很概括的，比如黔驴技穷、庞然大物、黔虎识驴。

生：好事载驴。

师：概括得不错。但没有突出最关键的内容，好事者的责任不是运驴子，而是把驴运到了贵州，使驴子失去了发挥作用的舞台。好的，这个要求比较高,不再为难同学们了。我们就概括为"载驴入黔",好不好?如果"载驴入黔"成了一个成语,它的意思会是什么呢?

生:不要无事生非。

师:有点道理。但无事生非,一般都是说没有事情干,自己会生出许多是非来。再想一想。

生:做事不要单从主观愿望出发。

师:大家越想越深入了。但寓言中看不出好事者是从什么样的主观愿望出发的。作为初一的同学,你们的表现已经非常优秀了。再说,一个成语的意思——如果这个词成为一个成语——也是在人们运用的过程中产生的,而且有时候还会有不止一个意思。但老师想,如果"载驴入黔"成了一个成语,至少有一个意思,就是告诉我们,不要一厢情愿地做一些脱离实际而使别人受害的事。好的,在下课之前,我们再想一想:寓言的两个基本要素是什么?

生:讲故事,讲道理。

师:对。阅读寓言,就是要抓住故事,理解道理。

7. 课堂小结

师:我们今天一起读了一篇寓言,知道了几个故事?

生:一个。

师:一个吗?

生:两个。

师:不是猜,是认真想一想。

生:三个。

师:是三个,驴的故事,虎的故事,还有这好事者的故事。我们应该记住几个成语？

生（部分）：三个。

生（部分）：六个。

师：我也觉得是六个。哪六个？我们一起说。

师生：黔驴技穷、黔驴之技、庞然大物、黔虎识驴、黔虎之智、载驴入黔。

大家还要记住，这是一篇文言文的寓言，我们还要学会文言文的诵读和阅读，还要注重文言文的积累。读寓言，学文言，就是我们这节课的学习内容。

好，这节课我们就学到这里，谢谢同学们，下课。

听者思语

（一）

在具体感知了驴的故事之后，黄老师引导学生讨论故事里面的"道理"——"驴的悲剧是驴造成的吗？"黄老师不仅说自己很喜欢驴，更是将自己比作一头干事认真、了无心机的好"驴"，并说他这头"驴"正是由于没被错放到黔地的山上去，才能在江淮平原上发挥自己的长处，认真地干好教书的活计……这个新鲜而幽默的比喻，让学生在欢笑中认识到，造成驴的悲剧的其实并不是驴自身，而在那个"好事者"，他不应该无事生非，将驴"船载以入"。

黄老师在与学生一起分析、概括课文写了"什么样的驴""什么样的虎"之后，便让学生讲起了故事，他要求学生分别按作者的口气、按

"驴"的口气、按"虎"的口气来讲述本文的故事。一石激起千层浪。讲故事本来就是初中学生非常喜欢、乐于参与的活动,而这种灵活的要求更是让学生一个个跃跃欲试,争先恐后。从学生讲述的实际情况来看,黄老师的这一设计产生了"一石三鸟"的教学效果:一是将学习活动游戏化,让学生在轻松活泼而又具有挑战性的氛围中走进文本;二是让学生变换身份与寓言对话,细致地揣摩、体悟其中不同角色的心理和性格,并进行表达得体的语言能力训练;三是将寓言的一个故事延展为三个故事,将文本静态的言语结构更新为动态的意义结构,创新了教学文本的意义,丰富了课堂教学的资源。

《黔之驴》一文中存有这样几个创作空白:(1)课文题为"黔之驴",但大多笔墨写的却是虎,为什么题目不叫《黔之虎》?(2)课文开头即说"黔无驴",说明这驴不是黔地的,为什么还称其为"黔之驴"?(3)文中的"好事者"将驴"船载以入"后就无声无息了,为什么要写他?黄老师引导学生结合课文的写作背景,联系作者的生活经历,一起探究这些创作空白,让学生明白:以"驴"为题,旨在表明本文讽刺的主体是位高权重却"无异能"的官员;强调"黔之驴",点出"好事者",旨在表达对高层统治者无事生非导致驴的悲剧的愤慨。在这些空白得到填补的过程中,课堂上新的学习资源不断地被创造出来:由驴的"庞然大物"生出虎的"工于心计",由"黔驴之技"生出了"黔虎之智",由"黔驴技穷"生出了"黔虎识驴",由"好事者"多事生出了"载驴入黔"……这样的文本教学,激发了学生的阅读期待,开拓了学生的想象空间,点燃了创造性思维的火花,生成了文本的新的意义。这样的阅读对话,才是真正的精神享受。

在《黔之驴》教学的课文朗读环节,一名女生朗读全文(该生朗读表现一般)之后,黄老师又请了一名男生来朗读。这名男生读得字音纯正,停顿准确,语势流畅,赢得了全场师生的掌声。黄老师点评他读出了寓言的特点，特别是末句读出了老虎作为胜利者的满足的姿态，接着就请他领读、全班同学跟读课文。最后还谢谢这位同学，因为他"帮助干了老师的活"，而且"比老师干得还要好"。可以想象，领读的这位学生此时心中有多强烈的成就感！还可以猜测，让学生领读的环节本不是黄老师预设的，而是在他发觉了班上这个"朗读高手"以后的现场决策。这个决策将全班学生合作朗读的学习成果展示给听课的老师们，给了更多同学以成就感。

在本课的结尾，黄老师和学生一起盘点课堂学习的收获。在他的提示下，同学们总结出：这节课学习了一则寓言，三个故事，六个成（词）语，还明白了为人做事的几个道理……这样的结课方式，巧妙地显现本课的学习目标，让学生更好地整理学习内容，清晰地梳理学习所得，真切地体验收获的乐趣。其实听课者深知，这节课学生的收获又何止这几个量化的指标？语言知识层面如"船载以入"中"船"的用法、"庞然大物"词意的理解等，文体知识层面如寓言的特点等，学习方法层面如"朗读课文，默读注释""合上辅导资料，谈自己的看法"等，语言运用层面如变换人称、从不同角度复述等等，在诸多层面上都能实实在在地看得见学生成长的足迹，听得到学生"拔节的声音"。

（江苏省盐城市盐都区教研室　杨万扣）

（二）

班级学生的朗读是参差不齐的，怎样给学生以相同的鼓励与表扬呢？第二个学生明显胜过了第一个，但是黄老师并未因此而偏向，而是给那个稍有逊色的学生以肯定。并且黄老师很擅长降低自己的身份，愿意给学生以"高位",学生得到了很大的心理满足,因为在黄老师的言语中,他被大大激发了信心和勇气。一个愿意给学生风采的老师,才能真正赢得学生的爱戴,也在无形中提升了课堂的色彩。这是黄老师对课堂好资源的巧妙运用,也来自黄老师的"生本"思想。

"讲故事"是孩子们都喜欢做的事情,不管多大的孩子。一篇文言文,它必定是有寓意的。故而老师对此环节有了三个要求,能够忠实原文、故事性强,同时必须合理想象。最后一点尤其重要,因为立足文言的教学,不是天马行空的。并且从现场观察,学生能够深入文本,在讲故事的过程中内化故事内涵,这是有价值地利用、提炼文本的体现。

"黔之驴"到底是一个怎样的形象,在不同的课堂上,对于该形象的解读是不同的。我们惯于将之喻为无能的人,空有一身外在架势而无内在价值的人。然而在黄老师的课堂,他认为错不在"黔之驴",而是那"好事者","好事者"之好事,导致今日之事态。他由此提点众多学生,日后众位若有幸成为各种各样的社会官员,但愿你们不会成为"好事者"。此番言语令人联想孔子当年的谆谆教诲,正所谓"文以载道"。

(江苏省南通市如东县饮泉中学　薛　晴)

教者思语

过于关注字词的落实,而使教学显得有些拘谨而不舒展;有些学习活动的引导也还不够机智自然。

《白雪歌送武判官归京》教学实录

——在言意共生中还原诗歌形象

1. 默写检查

师：今天我们一起学习《白雪歌送武判官归京》，课前请你们凌校长布置了预习作业，还记不记得？

生：记得，就是要看一下翻译嘛。

师：不是。是凌校长说错了，还是我说错了？

凌校长：我没说错，我说的是背诵。

师：你也不对。难道是我说错了？我的要求是默写。

凌校长：是的。

（生笑）

师：我和我们班的同学说，学习古诗，能不能背诵不要紧，只要能默写就行。（生笑）会背诵，考试写不出来有用吗？没用。——现在有没有同学愿意到前面来默写的？（学生没人举手）有没有同学来尝试着默写？把书拿在手里，争取不看，需要再看，好不好？（学生还没人举手）这主要是一种精神啊。有没有？一个都没有？（一女生举手）好，非常好。还有哪两位？勇敢点。（另一女生举手）我觉得最起码要有一位男同学。如果一个男生都没有,这节课我就不想上了。(一男生举手)好,非常好。不着急,我先给你们分分工,这首诗一共多少句?

生:不知道。

师:有没有人知道?

生:九句。

师:说九句是可以的,但是不准确。

生:啊?

师:对,古诗的句数不是按句号而是按逗号算的。好的,我们三位同学一人默六句。默不出来可以看书,争取不看。其他同学默写任意六句可以,看着他们默写也可以,他们默不出你上来帮一帮也行。

(生默写)

师:默好了就先回位。我们下面来评点一下他们三个人的默写。我们先把三位同学的默写看作三幅书法作品来评价一下,你们觉得那幅最好?

生：第一幅。

师：第一幅，如果我们要评二甲（上课的学校是南通市二甲中学）的话，它算一甲对不对？这幅作品，字写得很有功力，布局也比较合理。这两位同学呢，布局就有点局促。下面空得太大，安排不够合理。我们再按默写的要求来看。首先我问大家，三位同学有一个共同错误，你们看出来没有？

生：他们都没写标点符号。

师：这位同学语文素养很好。这就是语文，千万不要轻视标点。下面请这三位同学自己读，看看能不能读出错误来。第一个同学——

生读："北风卷地白草折……"

师：有没有错？

生：有。

师：哪一个？

生："裘"和"衾"。

师：自己去改一改好不好？"裘"是个形声字，下面是个衣，上面是要求的求。"衾"这个字怎么读？前鼻音，也是一个形声字，下面也是一个衣，上面是今天的今，今天的今就是前鼻音。其他有没有错啊？

生：没有。

师：好的，你回位吧。其他同学有没有发现错误？这位同学发现了。

生：我还发现他有个错误，"北风卷地白草折"的"白"，不是"百"，她多了一横。

师：嗯，多了一横，好的。这个字默错的同学特别多。白草，是白颜色的草，是北方特有的一种有韧性的草，到冬天它枯萎了就显出白色来，叫白草。而不是有很多的草。有没有发现其他错误？嗯，没有，看第二位同学的。

生："将军角弓不得控……"

师：有没有发现错？

生：没有。

师：好，其他同学有没有发现错误？也没有，我也没有。他们这两位同学读的字音都特别讲究，我觉得普通话都比我好。大家注意"散"读sàn，不能读sǎn。"将军角弓不得控"中"控"读"kòng"。"控"是什么意思啊？

生：拉开。

师：非常好。请坐。他在默写的过程中我注意到一个细节，他一开始有一个字是空着的。大家有没有发现呢？（学生：掣）对，是这个"掣"字。"掣"是什么意思啊？有一个成语叫——风驰电掣（部分同学）。掣，就是拉，上面是制度的制，下面是手。

2. 整体把握

师：好，三位同学的默写非常不简单，一位都没有看书，也几乎没错。下面我们一起来欣赏这首诗。有的人认为，这首诗的内容就是围绕两个字展开的，你们能不能说说是围绕哪两个字？

生：送别。

生：友情。

师：其他同学有没有不同的意见？我们一起来读一读，好吗？

（生读）

师：好的，读完以后大家一起看是写"送别"两个字呢，还是写"友情"两个字呢？

生：咏春。

师：咏春，咏颂春天？嗯，这首诗中哪句是写春天呢？

生："忽如一夜春风来。"

师："忽如一夜春风来，"这是咏颂春天的吗？请坐。我说你像个男孩子，——你是个男孩子吗？（学生：不是）对，说"如春天"，就不是春天了。其他同学有没有不同意见？

生：是写边塞生活的。

师：是写边塞什么生活的？

生：军旅生活。

师：军旅生活，大范围是不错，但写军旅可以从不同的角度写。岑参他是从哪个方面写的呢？我们再读。

（生读）

师：我发现自己犯了一个错误，让学生读来读去，有一个关键的句子没让大家读。哪个句子呢？——是的，题目。把握诗的内容啊，抓住诗的题目挺关键的。对不对？大家能把题目背出来吗？

师生："白雪歌送武判官归京。"

师：好的，现在来看看全诗主要围绕哪两个字呢？

生：边塞送别诗。

师：几个字？对，边塞送别诗。那全诗主要围绕哪两个字呢？

生：送别。

师：送别，那你是跟她一样的。全诗就写送别吗？

生：歌颂。

师："歌"在这里是诗歌的一种形式。歌谁呢？这首诗的关键还有哪个字啊？

生：雪。

师：还有一个呢？

生：送。

师：对。很多人都认为这首诗就是围绕"送"和"雪"展开的。如果这种说法有道理，你觉得前边部分主要是写"雪"还是写"送"？

生：雪。

师：从第一句到哪一句侧重写"雪"呢？

生：到"愁云惨淡"。

师：对。前面主要写"雪"，后面主要写"送"。前面的诗句让我们看到漫天的大雪，可写雪中有没有写到送别？

生：没有。

师：一句都没有？

生："愁云惨淡万里凝。"

师：对。为什么"愁"呢？离别之愁。说这首诗紧扣两个字，前半部分写"雪"后半部分写"送"，但也不是绝对的。愁中看到离别，后半部分写"送"，能不能看到"雪"啊？

生：能，"去时雪满天山路。"

师：这首诗紧扣两个字，先以写"雪"为主，后以写"送"为主，同时又把"雪"和"送"融合在一起。这是我们对诗的内容的理解，下面我们再从更高层次来感受欣赏这首诗。

3. 诗意描述

师：苏轼说王维的诗"诗中有画"，我觉得大多数古诗中都有画。同学们欣赏古诗，就是要能从诗中读出画来。现在请同学们说说你从哪一句能读出画来？请你描述这幅画面。

生："忽如一夜春风来，千树万树梨花开。"

师：你描述一下你看到的那个画面。

生：好像一夜春风吹来，千树万树梨花盛开。

师：嗯，挺好的，请坐。可基本是翻译，画面感还不强。你是哪一句啊？

生："将军角弓不得控，都护铁衣冷难着。"

师：你看到的是什么样的画面？

生：边塞很冷，而且风雪很大，从这句话我看到了边塞将士的艰苦生活。

师：看到了边塞将士的艰苦生活。挺好，可主要是分析，有点虚。什么是画面感呢？——大家看教室后面有一幅画，上面有山、有红色的树、有水还有船，这是画面感。能不能展开具体的想象和描述？能不能看到边塞的山上站着一位什么样的将军，他手里拿着什么？

生：弓。

师：身上穿的是什么？

生：铁甲。

师：这将军和都护是什么关系？

生：将军是一个军中的将领。

师：都护呢？

生：都护就是他的手下。

师：这样理解已经很不容易了。再看下一句，将军角弓拉开了，都护怎样啊？

生：都护穿着铁甲。

师：将军穿不穿铁甲？都护有没有弓呢？

生：也穿，也有。

师：对，非常好。这就叫"互文"。什么是"互文"呢，两句话合在一起表达一个完整的内容。在这个地方，将军就是都护，都护就是将军。将军穿铁衣，都护也要穿铁衣；将军拉弓，都护也要拉弓；将军的弓拉不开，都护的弓也拉不开。其他同学从哪些诗句中读出了画面？

生："山回路转不见君，雪上空留马行处。"

师：描述一下。

生：山回路转不见了友人，雪山下，站在帐篷门口，望着雪上留下的一串串马蹄印。

师：嗯，非常好，画面感很强。请坐。其他同学呢？好，前面的同学。

生："纷纷暮雪下辕门，风掣红旗冻不翻。"友人离去的时候下着纷纷大雪，大雪纷纷之中，红旗冻在冰冷的寒风里。

师：嗯，理解得非常好。还可以补充一下，更丰富一些。我们眼前的情景是一个什么样的地方呢？

生：是边塞。

师：对，在寒冷的北方边塞，远远地看到一个军营的辕门，辕门上的红旗已经冻得——

生：在空中无法飘动。

师：对，无法飘动。好的，其他同学？

生："散入珠帘湿罗幕，狐裘不暖锦衾薄。"雪花从珠帘里飘进来，沾湿了罗幕，穿着狐裘皮大衣也不觉得暖，盖着用锦缎做的被子也觉得薄。

师：哎，很好。"散入珠帘湿罗幕"，雪花到底是从哪里飘到哪里？从珠帘里飘进来——

生：从外面飘到珠帘里。

师：对，这样才准确。可是用"飘"还不够好。（学生：钻）对，大雪纷纷，雪花从外面钻进厚厚的帐篷里，更好。这珠帘和罗幕的关系也是互文关系。这珠帘啊，是一种美化，那个帘子不一定是一条线穿很多珠珠的那种。用珠、锦，是对它的美化，起诗化作用，并不是写实。包括那件狐裘，是不是说每一个人都穿着狐裘啊，也不一定。还有哪位同学？

生："北风卷地白草折，胡天八月即飞雪。"我看到了呼啸的北风吹过了大地，地上长满了白草，被风一吹就被折断了，然后灰蒙蒙的天空飘着的大雪就堆积到了地上。

师：想象力够丰富的啊，想象越来越具体丰富。大家一起来补充一下。她说呼啸的北风吹过大地，你们修饰一下大地，什么样的大地，加个修饰语。

生：荒凉的。

生：广袤的。

师：还有没有其他的呢？

生：塞外荒漠的。

师：荒漠的，他用了一个荒，我觉得挺好的啊，边塞嘛，荒漠。广袤无垠强调广，除了广，我觉得还应突出这个荒。好的，其他同学还有没有哪一句读出画面感了？

生："中军置酒饮归客，胡琴琵琶与羌笛。"中军置酒在军帐中送别武判官，弹着胡琴琵琶还有羌笛来助兴。

师：嗯，挺好。这幅画面里有两个主要人物，一个是送人的人，一个是被送的人，还要弹琵琶，还要弹胡琴，吹羌笛。是这两个人弹奏还是身后的人弹奏？

生：身后的人。

师：这个胡琴琵琶可不可以换成二胡竹笛？

生：不行。

师：怎么不行？

生：因为他们在边塞，怎么会有中国的乐器？

师：前面一句回答得很好，因为在边塞。但后面一句回答得不好，胡琴、琵琶也都是中国的乐器。——当然她说的也不错，当时的"中国"和现在的"中国"不是一个概念。胡琴、琵琶和羌笛，都表现了边塞的特色，而且胡琴和羌笛的音调都比较苍凉，特别能渲染离别的愁绪。好的，大家描述了很多诗句。我们一起来想象这样两句诗："瀚海阑干百丈冰，愁云惨淡万里凝。"大家想想这个画面是一个什么样的情景。瀚海是什么地方？

生：是沙漠，一片沙漠。

师：对，非常大的一片沙漠。沙漠上到处都是什么？

生：冰。

师：对。冰上还有纵横交错的冰痕。天上飘着什么样的云啊？

生：愁云。

师：愁云是主观的，你们想象一下天上的云应该是什么颜色？

生：白色。

生：灰色。

师：灰色好，有沉重感，对不对？

4. 重点赏析

师：我们回过头来看看啊，全诗中最具有画面感的是哪几句？

生："忽如一夜春风来，千树万树梨花开。"

师：还有哪句？

生："山回路转不见君，雪上空留马行处。"

师：非常好。有人说，白雪歌十八句诗，四句足矣，我觉得是很有道理的。大家把这四句连起来再读一遍好不好？

（生读）

师：刚刚有同学想象过"忽如一夜春风来，千树万树梨花开"这个画面了，但是不够丰富具体，因为是第一个描述很不容易。现在我们一起来完成。我们班同学有没有学过画画的？如果要用一幅画来表现这个意境、这个情境，这个画面主要的形象应该是什么？

生：树。

师：对，树。还有什么？

生：雪。

师：雪。"千树万树"怎么画？没办法，我们可以以少见多，以虚写实。雪怎么画呢？

生：在树上画五瓣的像雪花一样的花。

师：她说要在树上画像雪花一样五瓣的花，这样画好不好？——如果用语言描述，说无数棵的树上是一片一片五瓣的雪花，这样的描述好不好？

生：不好！

师：那你们会怎么描述？

生：我觉得不应该画五瓣的雪花，因为雪落在树上会融化。

师：那应该怎么办呢？

生：可以画一些雪压着树的情景。

师：你能想象这个情景吗？

生：能，但是画的时候——

生：白色的雪就像粉末状一样压在树上。

师：他的意思是雪是粉末状的。请坐。大家想一想，树上的雪是一片一片五瓣的呢，还是粉末状的呢？或者是其他什么样子的呢？

生：应该在树枝上画上白白的一片。

师：嗯，一片，一大片。有没有同学有更好的说法？

生：应该是一团一团的。

师：一团一团的，对。我也想过，一团一团的，一片一片的，一瓣一瓣的，还有一大片粉末状的。其他同学有没有想象到？

生：我想通过树枝来体现雪。

师：那是什么样的雪呢？你是从侧面写雪，把树枝画得弯弯的，可是树上的雪怎么画呢？

生：一层一层的。

师：一层一层的，像云一样。有没有更丰富、更契合诗意的想象？

生：一堆一堆的。

师：太棒了！粉末状的，一片一片的，一瓣一瓣的，一团一团的，一堆一堆的，哪个最好？对，一堆一堆的。因为雪太多了，雪一下就冻起来了，而且还要像梨花，所以应该是一堆一堆的。现在我们这幅作品已经完成了(学生笑)，如果用两句诗作为这幅画的题目，应该是什么？

生："忽如一夜春风来，千树万树梨花开。"

师：如果用三个字作为这幅画的题目应该叫什么？叫什么？对，叫"白雪歌"。(学生笑)这是我们二甲中学初三(2)班同学集体的作品。下面我们来看"山回路转"。如果我们要画表现"山回路转不见君，雪上空留马行处"的诗意画，你们觉得用上下的纵幅还是横幅好？

生：竖着的好。

师：为什么呢？

生：我觉得竖着更有画面感。

师：横着的就没有画面感吗？

生：竖着可以表现山路迂回。

生：就是能够画出那种意境来。

师：有道理。这幅画要不要画人？

生：不要，画马蹄。

师：倒是很含蓄，但是怎样表现诗的主题呢？我们前面的一幅画叫"白雪歌"，这幅画叫什么好呢？

生："送武判官归京。"

师：真聪明。紧扣这个主题，你们觉得要不要有人啊？

生：要。

师：要画人，画在哪里？是边上，还是中间？

生：不能在中间。

师：为什么？

生：人物在中间，他面前的空白就小。

师：对，应该靠着边，这样容易表现"雪上空留马行处"，而且与诗歌的豪迈磅礴的意境更吻合。这幅画呢还应该有个背景，什么样的背景？

生：山。

师：为什么要有山？

生：诗中有山。

生：边塞的特点。

师：很好。山上有什么？

生：草。

师：有草就是边塞吗？

生：雪。

师：雪这里有了呀，有雪就是边塞吗？

生：沙漠。

师：沙漠就一定是边塞吗？

生：军营。

师：对。但军营要不要都画出来呢？不要。注意是在哪里送别的？在"轮台东门"，大概是城堡的东门。我觉得边塞的代表性东西不能缺，是什么呢？

生："辕门。"

师：对。这个"辕门"不能少，而且"辕门"上或者"辕门"前还应该有一个大东西，是什么？

生：旗子。

师：哎，"风掣红旗"的嘛，"风掣红旗冻不翻"。——"山回路转不见君"，这个君要不要出来？

生：要。

生：不要。

师：我觉得不能要。一出来就破坏了意境，因为是"不见君"，有"马行处"，就行了。对，马蹄的蹄印。让将军面对着弯弯扭扭、时隐时现的马蹄印，思念他的朋友。看着朋友远去的马蹄印他肯定是站了很长时间，又牵挂又怀念又不舍，对不对。如果你是岑参，你送别朋友，看着朋友远去留下的马蹄印，你会想到什么呢？

5. 体味情感

师：现在我们回到刚才的问题，四句诗就够了，岑参为什么除了这四句外还写了那么多呢？

生：衬托。

生：更具体。

生：更丰富。

生：更生动。

师：写诗和写文章一样，所有内容都是为主题服务的。这首诗的主题是什么？写雪，写送别，表现边塞生活。所以，有了其他内容，可以把主题表现得更丰富突出。

下面我们通过诵读来进一步深入体会作者的情感。有没有同学愿意来读一读，比一比，谁对作者送别之情理解得最到位，有没有？

没有？如果你们互相不愿意比，有没有哪位愿意和黄老师比一比？你们看，黄老师普通话不好，嗓子也不好，跟我比你们一定赢的可能性大。（一位同学举手）好，这位同学要和我比。（又一位同学举手）啊，两位要跟我比啊。你们俩先比一比好不好？

（一生读）

师：你先和她比一比。

（一生读）

师：好，请坐。大家觉得他们谁读得更好？

生：差不多，都好。

师：都好，好在哪里？你们挑出哪一个最好的然后跟我比。你认为哪个同学读得好？

生：第二个同学。

师：好在哪里？

生：她有节奏感。

师：嗯，有节奏感。读古诗要有节奏，我觉得第一个同学的音色特别好，字音特别准。我还是想跟男孩子比，有没有哪位男孩子愿意跟我比呢？好的，我先读。我读完了，你们哪个男生来跟我比一比，好不好？如果你觉得我读得不好随时鼓掌，我就停下来不读了，好吧。

（师读。节奏低缓，感情悲凉）

（师读完，生鼓掌）

师：你们到最后才拍手我很伤心。——啊，我不知道你们拍手的内涵啊，为什么拍啊？读得好啊？

生：好，富有感情。

师：富有感情就一定好吗？不一定。关键是这感情对不对。黄老师刚刚读的感情对不对？

生：对。

师：有没有觉得不对的？

生：我。

师：为什么？

生：我觉得这首诗虽然是送别，但不伤感。

师：你的理解很准确。其实，伤感是有的，但并不悲凉。黄老师刚才不叫伤感，叫什么？

生：哭泣。

师：叫伤心（生笑），叫悲凉，叫凄凉。这位同学说得多好啊！送别的情绪很丰富，有的是伤感，有的是痛苦。白雪歌送武判官到底是什么样的情感呢？黄老师刚才读得太凄凉了，而这首诗的情感是伤感而不凄凉，严寒中又有暖色，离别中充满豪迈。回头来看看，从哪里能看出暖色调来啊？

生："风掣红旗冻不翻。"

师：你真了不起。掣，很有力，有豪迈之情。还有，这面红旗，暖色调，点缀出这幅画面的活力。"忽如一夜春风来，千树万树梨花开"这两句就更典型，对不对？比喻雪花的诗很多，李白也有，他说"燕山雪花大如席"，写雪花像睡觉的席子，也用比喻，够夸张吧，但就是突出雪花的大。但岑参用春天写冬天，用江南写塞北，用梨花写雪花，充满了暖意。更重要的，理解古诗除了从文本去分析外，还要了解背景。岑参是哪个朝代的？

生：唐朝。

师：对，他是盛唐时代的诗人。唐代是我们中国历史上很强盛的一个朝代，盛唐又是最强盛的时期。读书人、知识分子很多不甘心读书，都想干什么？

生：当官。

师：官迷心窍不可爱。——很多知识分子都很想去边塞，去沙场，去建功立业。杨炯就说："宁为百夫长，胜作一书生。"岑参也是主动要求到边塞去任职，寻找建功立业的机会，所以这首诗从整体上来讲是豪迈的。

有没有哪位男同学能把豪迈读出来？有没有？没有，那我们就集体读一读。我们把刚刚几个同学读的情况回顾一下：第一位同学字音读得特别准，第二位同学注意了节奏，黄老师的情感虽然把握得不是太好，但是注意了古诗的韵味。希望同学们注意这几点，还要读出豪迈来。

（师生一起读）

师：同学们，让我们带着这份古典的送别友情和对白雪的赞美结束我们今天的这节课。谢谢同学们，谢谢。

听者思语

从黄厚江老师执教《白雪歌送武判官归京》这一课中，我悟到了语文课平淡中的境界。

1. 寡淡中的深刻扎实

教学开篇，教师只是让三个学生上黑板默写，默完后读，读完后纠错，正音，释义，其间有老师对默写后板书的评点：对写字书法的要求、布局的要求、标点的要求、如何释义的要求、重点字正确读音的要求。听来似乎无稻粱、肴馔、醴醯之味，寡淡得很，但我体会到了"布衣暖""菜根香""诗书滋味长"。师生对话中的点点滴滴都渗透着执教者对学生语文素养的关注和培养。这些都是我们不可丢弃的传统语文教学中最本质、最规律的东西，这就是我们要强调的语文素养，它就是在点点滴滴的过程中培养出来的。如从"千树万树梨花开"看到怎样的雪的辨析，"万里凝"对"凝"这个字的理解，这就是重视学生炼字品句的能力，关注了学生学习语言、发展语言的过程。

2. 闲淡中的言近意远

教学进程始终在师生谈笑中进行，师生始终用聊的方式在探讨问题，似乎是很随意，没有章法，但是对话是"以活激活"，共生智慧的。它的匠心体现在这样几个环节。一是教师循循善诱引领着同学去一步步感受形象，去想象画面，然后让学生运用自己的语言来描述画面。在感受、想象、描述的过程中逐步把同学们领向文本的深处。在对"忽如一夜春风来，千树万树梨花开"的画面想象中，学生联想到六角形的雪花，一朵朵的雪花，一片片的像梨花一样的雪花，然后到一堆堆的雪花，这个过程就是让学生逐步形成自己想象的过程。二是在对"山回路转不见君，雪上空留马行处"，是横幅的画面还是竖幅的画面，画面上的背景怎样，中景怎样，特写怎样，延伸画面之后的东西是怎样的辨析中，学生在理解、想象、感悟的过程中获得更深刻的审美体验和鉴赏能力的培养，从画面叠加中体会诗歌情感，得到涵咏能力的锻炼。再如对"冻不翻"画面的想象，对红旗"飘"还是"不飘"的体会，无不是如此。学生一开始对画面的表达都很简单，到后来体验丰富了、层次丰富了、语言丰富了，这个过程就是语言学习和语言运用的过程。让学生想象哪一个画面是最接近诗歌所要表现的内容的，这就是学习语言，这就是诗歌学习和鉴赏的方法，就是语文学习的规律。看似闲淡的教学，其实是步步匠心，随意的闲聊中暗藏的教学板块是清晰的，即学会整体把握——具体揣摩——品味鉴赏——掌握读诗的方法。

3. 散淡中的疏朗开阔

在教学中，黄老师有几个看似散淡的提问："《白雪歌》十八句实际上就写了两个字，即这首诗是围绕两个字在开展，围绕哪两个字？""《白雪歌》如果要保留两联四句，你们觉得哪些是必须保留的？"通过这两个问题的讨论，让学生学会抓诗眼、抓关键句，反复体会诗歌的意境。再如：初读课文时，学生读出了"凄凉之感"，老师暂且不做评点。深入学习后，老师再把这个问题拿出来讨论，这首诗是不是"凄凉"？辨析中，让学生了解诗歌的背景，体会诗人内在的情感和胸襟，诗句中伤感之外的豪迈激越。还有，课堂上常常会通过一个词，乃至一个字的慢慢地诵读，打开一个缺口，通过诵读，感悟语言的含义，体味语言的节奏、韵味，乃至感知诗歌形象，领悟诗歌体裁的特点。这种收放自如的教学气度，体现了教学中的疏朗开阔。它不是按部就班地指挥学生把原本自由奔放的思维纳入教师预设的轨道中，亦或是忽视学生思维的闪光点，错过课堂资源的开发，只按既定流程走马观花，抑或是缺少"文情"与"学情"的有痕链接，"工具性"与"人文性"强行组合。它是于平淡中见功效的，是眼中有"人"，达己达"人"，重在启"人"，功在树"人"的真实课堂，是师生共同涵咏文本、共赏相析，讨论、争辩、思考、比较，自然活泼地共生出朴实自然的课堂。老师对学生"学情"的充分地预计，对课文的每一个环节都深思熟虑，从而在课堂上体现出来的驾轻就熟，四两拨千斤，在扎实中体现出的随性可以透视出教师素养的深厚、方法的娴熟、策略的艺术、设计的独特、生成的多向。

4.平淡中的不凡境界

综观本节课,执教者总是力图"用语文去学习语文",用语文的规律去学语文,教语文,以语言为核心,以语文活动为载体,以提高语文素养为根本追求,重积累、重过程、平平淡淡教语文,平实淡雅,不粉饰,不雕琢,不故弄玄虚,不故作姿态,不自作矫情,用一种朴实的心态、平常的态度去建设课堂。教师对学生的阅读、问答、讨论、评判给予了精心的指导,靠文本细读、深读,抓住语言深入到学生的思想深处,剔除"精彩纷呈"背后的"浅薄浮躁","精雕细琢"背后的"刻意而为","深邃宽广"背后的"故意拔高","热热闹闹"背后的"散漫空洞",力图在"平淡中求破,平实中求立,平常中求新"。这看似平淡的课堂,是典型的本色语文的教学气质,也是执教者对语文教学审慎态度和艺术境界的和谐体现。语文教学"平淡中的不凡境界",宛如林中一缕清风,花间一滴清露,是纷扰课改中极为难得的美好品质,它靠的是语文老师自身的文化素养和教学智慧。

(江苏省苏州市工业园区第五中学　孙　艳)

教者思语

对诗歌的感受、品读还显得比较粗疏。诗句的理解,诗意的感受,不够细腻;"边塞"诗风的体味也不够充分。

《阿房宫赋》教学实录

——在文本的世界中往来穿梭

1. 讨论字词难点

师：上课！

今天我们一起学习第三个专题第一个板块的第二篇课文《阿房宫赋》。同学们在课前预习课文时，提了很多问题。但是大家提的问题我们在课堂上不可能一一解决，实际上也没有必要一个一个地解决。因为很多问题，只要把注释用心地琢磨一下，把上下文结合起来想一想，就能够自己解决。在这里，我们一起研究几个具有普遍性的问题。（入题简洁，但包含了三层意思：第一，不可能一一解决是因为问题多；没有必要一个个解决是因为有些问题没有太大的价值，这里隐去不说了，有些是可以自己解决的。大凡一线老师都有同感，学生有时候碰到问题，是因为"非不能也，是不为也"。第二，指出了解决问题的途径，也指点了一种读书方法：看注解、察语境、做比较。文言文的很多问题不就是这样解决的吗？第三，"普遍性的问题"也是典型性的问题，正是教师要解决的问题，也是教学的重点内容之一。课堂时间有限，新课程语文教学的时间更有限，教师选择教学内容的主动性起作用了。）

比如课文第一小节，有同学问最后一句话"一日之内，一宫之间，而气候不齐"应该怎么理解？这句话课文没有加注，实际上大家用心想一想上文的意思，还是能够理解的。（去掉这句话也可，教学进程没有影响，但加上，既是鼓励，又是提醒。）有没有哪位同学能够为提这个问题的同学做一个回答？

生：一日之内，一宫之间，地方不同而气候不同，是强调宫很大。

师：啊，是强调宫很大，很好。其他同学有没有不同理解的？

生：我觉得这句话从下文来看，"妃嫔媵嫱，王子皇孙"，应该是说秦始皇对一些妃嫔的偏爱或者是冷漠。

师：啊，两位同学的理解不一样。一位同学从实处来讲，是说阿房宫太大了，就像经历了四个季节。一位同学是从主观上讲，宫廷里头不同的宫女受到不同的境遇而感受不一样。都有道理，但我更倾向于后一种说法。因为你看上文，"歌台暖响""舞殿冷袖"，这个"暖"和"冷"，主要是主观的，写感受的。——大家看，把两个同学的理解一结合，这个问题解决得多好啊！（教师点评又有三层意思：指出两位同学理解的角度不同，从实处来讲，从主观上讲，通俗、准确；表示老师立场，并且提供例证；总结解决问题的方法并激励。事实证明，学生自己是能够解决问题的，学生应该大受鼓舞，与某些新课程讲堂上廉价的表扬不同。）

有很多同学问第三小节"一旦不能有，输来其间。鼎铛玉石，金块珠砾"这个句子怎么理解。我们把这个问题一分为二，有哪位同学能根据对全文的理解，说说"一旦不能有，输来其间"怎么理解？这个句子有难度，有没有人愿意尝试？请这位同学——（"一分为二"看出教学经验。常见课堂上综合性、高难度的问题抛出后，学生苦苦思索，老师苦苦等待的情景，学生索解无门，老师指导乏力。但这里，经验告诉老师，该问题难在句式凝练，难在词类活用，应该先化解以降难度，分步骤以清条理。而且"这个句子有难度，有没有人愿意尝试"，也是一种激励和鼓动。）

生：这句话是说"如果一天没有的话，就再把它抢过来"。

师：啊，是"如果一天没有的话，就再把它抢过来"，（生笑）很好，这是一种说法。理解这个句子的关键在于主语，大家想一想，根据上文来看，这主语是谁呢？（尽管老师知道该生的翻译是不妥的，尽管老师接下去要纠正这个不妥，但仍然说了"很好，这是一种说法"。如果苛求的话，我以为这里"很好"二字是不必讲的，也许老师的"很好"并非是对学生翻译质量的评价。当然，巧妙的是老师抓住主语，主语一明，"输"字明确，"一旦"也明确了。）

生全体：六国。

师：对，是六国。这个"一旦"，你体会下来和我们今天说的"一旦"是同还是不同？倾向于"不同"的举手。不要讲理由，凭感觉。有觉得不同的吗?("一旦"在这里为什么不能解作"一天",为什么跟现代汉语中的"一旦"意义和用法接近,要讲理由也可以,譬如,联系上文"几世几年",这里的"一旦"便有迅速之意,其聚也难,其散却易,两相对比,感叹自在其中了。但凭感觉判断直接真切,文言虚词的体会,有时候确实需要语感参与的。)

你(举手者)说说看,不同在什么地方?说得出来吗?(生摇头)啊,说不出来。我说过,不一定要说理由的。从具体的背景看,从上文看,六国已经亡了。六国亡了,珍宝来了,王子皇孙、公主们也都来了,应该说这"一旦"与我们今天的用法比较接近——六国一旦不能再享有这些东西。"输来其间"呢?那位同学说"就再把它抢过来",当我们认同主语是"六国"的时候,还同意这种理解的同学请举手。(无人举手)连那位同学自己都不同意自己的意见啦?啊——这说明只要一揣摩,就知道不对了。"输来其间"是说宝物都被秦国运到阿房宫里来了。(当明确主语是六国时,"输"的义项就不需要专门阐发了。老师采用了举手表决法轻轻带过。)

后面一句"鼎铛玉石,金块珠砾"是一直有分歧、有争议的句子。"鼎铛"(板书"鼎铛")、有很多书上认为是意动。同学们自己学习的时候,你也认为这是意动用法的,举手给我看看,有没有?(部分同学举手)啊,请放下。认为不是意动的,也请举手。(老师连续叫同学举手了。这里,举手有调查学情的意思,学生在某些问题上的原初认识是怎样的,教师是需要了解的,这是教学的起点。)

生:我觉得是。

师:是意动?

生:是意动。

师:当然,这也是一个说法,可黄老师不认为是意动。是什么道理呢？同学们想一个你们以前学过的比较典型的意动用法的句子。（不是直接给答案，而是温故知新。文言文联系旧知、启发新知的教法非常重要。）

生：《邹忌讽齐王纳谏》，"吾妻之私我者，美我也"。

师："吾妻之私我者，美我也。"是"私我"还是"美我"？

生：哦，是"吾妻之美我者，私我也"。（生笑）

师：是"美我"（板书"美我"）。什么叫"美我"啊？把我看作美丽的，认为我是美丽的。那么"鼎铛"是什么意思？看注释是怎么说的，是把宝鼎当铛。再想一想，它是意动吗？如果是，哪一个词是意动？还有同学认为是意动的吗？（没有同学举手）没有了？同学们课后根据注释再琢磨琢磨，有不同意见，我们再讨论。（这里似乎解作"意动"更妥当一些。意动用法，据王力所言，有两种，一是形容词的意动，一是名词的意动。学生所举，是形容词的意动，与"鼎铛玉石，金块珠砾"比较价值不大，如果举"故人不独亲其亲，不独子其子""友风而子雨"为例，同类相当，都是名词的意动用法，更容易讲清楚。一般而言，用作意动的名词后跟着一个名词或者代词做的宾语，"鼎铛玉石，金块珠砾"按正常的句法结构，应该是"铛鼎石玉，块金砾珠"，用作意动的当是"铛""石"，"块""砾"，但杜牧写的是赋体文章，"弃掷逦迤，秦人视之，亦不甚惜"这几句押的是"i"韵，为押韵起见，词序作了调动了。当然，老师说根据注解再琢磨，再讨论，也就是说是一家之说，并不是定论。这样对有争议的地方留有余地，是较为明智的做法。）

好，这是比较难的几个句子。后面还有一个句子"一人之心，千万人之心也"，我想我们班同学会很快就能翻译出来。有哪位同学愿意翻译一下？有同学翻译出来吗？（无人举手）这出乎我的意料。你说说看（指名一位同学）。

生：一个人的想法，同时也是千万人的想法。

师：这"一人"是指谁啊？

生：秦始皇。

师：对，是指秦始皇。后面"千万人"指谁？

生：广大人民。

师：对，是广大人民。本来呢就应该用"民"，为了避李世民讳，避讳，所以用"人"。你秦始皇自己如此奢侈，贪图享受，同样表现了每一个人的心理啊。你一个人奢侈，普通人民也会珍惜自己的财富的啊。就是这样一个道理。（用语很有分寸，如果说"你秦始皇自己喜欢财富，贪图享受，天下的人也一样啊"，感情色彩就没有把握好，现在说成是"也会珍惜自己的财富"，就准确得多了。教师用语的细微慎辨正是匠心和功底所在。）

"戍卒叫，函谷举，楚人一炬，可怜焦土。""可怜焦土"四个字呢，书上也没有注释，要翻译的确有困难。我还是想听听，有哪位同学能把自己琢磨的想法说一说？这个句子呢，前面主语已经有了，"戍卒叫，函谷举，楚人一炬"，书上也都有注释，大家揣摩一下，这"可怜焦土"是指谁？

生（全体）：阿房宫。

师：阿房宫。那么"焦土"和前面什么内容有关系啊？

生（全体）："楚人一炬。"

师：对，那么这个句子就比较好翻译了。有两种理解，一种认为这个"焦土"是名词动化，是"化作焦土"；还有一种说法是"焦土"前面省略了一个动词。这两种说法都有依据。大家觉得哪一种更好？（文言文说法歧出是正常的，教师摆出众说，然后取舍，有立场、有态度，学生心中就有底。）

生（全体）：第一种。

师：是第一种？我也觉得是第一种说法好。这样呢，更切合原文的特点，非常简洁，非常有力。

还有些问题，我们会在后面的学习过程中解决，也有些问题需要同学们在课后参照我们课堂上的学习方法自己解决。（叶圣陶老人说，"课文无非是个例子"，其实，一堂课也无非是一个例子，成功的教学总是时时不忘提醒学生触类旁通、学以致用的。）

2. 压缩填空

师：同学们，我读《阿房宫赋》，反复读反复读，越读越短，读到最后呢，这篇文章只剩下几个句子，我大胆地把它缩成这样一段话：

（投影显示）阿房之宫，其形可谓（　）矣，其制可谓（　）矣，宫中之女可谓（　）矣，宫中之宝可谓（　）矣，其费可谓（　）矣，其奢可谓（　）矣。其亡亦可谓（　）矣！嗟乎！后人哀之而不鉴之，亦可（　）矣！

这就是黄老师读《阿房宫赋》读到最后剩下的几个句子——后来只剩下几个字——我们后面再说。现在请同学们根据你对课文的理解，想一想在这些括号里填上什么样的词比较合适，看看你们的想法和我是不是一致。（这是课堂的亮点之一。读文章需懂"出入法"，读进去，又要跳出来，也可谓"厚薄法"，先要读厚，再要读薄。如果一个老师备课时能够把一篇文章读成一段话，一句话甚至一个字，那么，他本人一定吃透了教材，教学时一定能居高临下、统率全局。如果从新课程理念来讲，这个环节正是教师创新课程资源的极好例证。另外，从这一段话的呈现来看，也蕴含了教学的机智，不是和盘托出，而是留有悬念："想一想在这些括号里填上什么样的词比较合适，看看你们想法和我是不是一致。"学生的兴趣来了。)

师(诵读)：阿房之宫，其形可谓某矣，其制可谓某矣，宫中之女可谓某矣，宫中之宝可谓某矣，其费可谓某矣，其奢可谓某矣。其亡亦可谓某矣！嗟乎！后人哀之而不鉴之，亦可某矣！（生笑）（读一遍，效果比单纯在屏幕上呈现要好得多。这里有文言的语气情调，从现场看来，气氛活跃。）

根据你对课文的熟悉，你能填出哪一个就填哪一个。最好填的，我觉得是宫中之女可谓——

生（全体）：美矣。

师：大家想到的是"美"，（生笑）可是否写宫女的美呢？——宫中之宝可谓……

生（全体）：多矣。

师：多矣。其费可谓——

生（全体）：巨矣，奢矣。

师：巨矣，巨大的巨。这个"费"就是耗费。其奢可谓……

生（全体）：侈矣。（笑）

师：大家填的这个词应该修饰"奢"，"奢侈"二字意思相近，我们常常说"这个人简直奢侈到了——"

生（全体）：极点。

师：对，其奢可谓极矣。其亡亦可谓……

生（全体）：哀矣，必矣。

师：哀矣，必矣，都有道理，但是我填的不是这两个词，我填的是《六国论》里刚学的一个字，有哪位同学想出来了？（有生答"速"）对了，速。你想，秦始皇自己筑阿房宫，还没筑好，秦已经亡了。其亡亦可谓速矣。后人哀之而不鉴之，可谓——

生（全体）：哀矣。

师：哀矣。但是呢，哀之而不鉴之，可谓哀，从行文来讲……

生（全体）：悲矣。

师：对，悲矣。大家总体上和我理解是一样的。我是写的这么一段话：（投影显示）

生全体：阿房之宫，其形可谓雄矣，其制可谓大矣，宫中之女可谓众矣，宫中之宝可谓多矣，其费可谓靡矣，其奢可谓极矣。其亡亦可谓速矣！嗟乎！后人哀之而不鉴之，亦可悲矣！

师：同学们，把我缩写的《阿房宫赋》一起读一遍，好吧？

（学生齐读）

师：读得很好。你们知道"制"是什么意思？

生（全体）：规模。

师：哪里有"制"作"规模"讲，哪里有？

师生（全体）：《岳阳楼记》："增其旧制，刻唐贤今人诗赋于其上。"

师：现在同学们根据要求，再读课文，画出相关的句子。第一组同学看看课文中哪些句子是写阿房宫其形的雄伟壮丽，规模的庞大；第二组看看哪些句子具体地写出宫中之女的众，宫中之宝的多；第三组找一找"其费可谓靡矣"；最后一个组找"其奢可谓极矣"体现在哪里。如果自己的任务完成得很快，可以把所有这些与课文中相对应的句子想一想。有些同学比较慢，也可以集中找一两处。

（学生看书）

师：好，有没有找好？下面我们来交流交流。先请第一组说说课文中哪些内容、哪些句子描写了阿房宫其形的雄伟壮丽、规模的极为庞大。（指名）你找到的是哪里？

生：我找的是第一小节。

师：你把句子读一读，好吗？

生："覆压三百余里，隔离天日"，是写规模庞大；"二川溶溶，流入宫墙。五步一楼，十步一阁"，是写阿房宫很雄伟；然后"盘盘焉，囷囷焉，蜂房水涡，矗不知其几千万落"，写规模很大；"一日之内，一宫之间，而气候不齐"，也是写规模很大。

师：好的。这位同学抓住课文第一部分，既读了有关句子，还作了简要分析。（不但读，还做分析，难得。教师适时表扬。）我们再看看后面。哪些句子写宫中之女的众，宫中之宝的多，第二组同学哪位同学来说说？（指名）你找到了？

生：第二节，"妃嫔媵嫱"一直到"焚椒兰也"，都是写宫女的"众"。

师：你能简要分析一下，作者是怎样写出宫女的"众"？

生：他是从侧面来写的，比如"渭流涨腻，弃脂水也"。

师：对。在这里有同学提出一个问题，不知你能不能解答。"绿云扰扰，梳晓鬟也"，这个"绿云扰扰"是指什么东西？你有没有想过这个问题？（生摇头）没有？好，请坐。其他同学有没有想过"绿云扰扰，梳晓鬟也"是写什么？

生（全体）：头发。

师：对，是头发，这也表现了宫女的多。刚才那位同学说，主要是从侧面间接地写，其实作者用了多种方法，夸张、排比、比喻等等，都有。（肯定了同学的侧面间接说，又提醒补充了其他方法，对写法的判断就完整了。）"绿"在这里可以理解为黑，我们在日常生活里有没有注意到，有人说"他眼睛黑得发绿"，也有人说"这衣服的颜色绿得发黑"，说明这黑色和绿色到了一定程度以后，相互之间是难以区分的，所以这里其实就是说"黑云"，"扰扰"是说飘飘的样子，说明宫女的确很多。那么写"宫中之宝可谓多"的"多"在哪里？哪个同学说说？

生："燕赵之收藏，韩魏之经营，齐楚之精英，几世几年，剽掠其人，倚叠如山。一旦不能有，输来其间"，表现了宫中宝物的多。

师：好。这里想请你解决一个问题，有同学问"韩魏之经营"的"经营"是什么意思，你能回答吗？

生：都是指金玉珠宝等物。

师：好，请坐。其实我们这里要注意一个问题，就是文言文理解的方法。其实理解这个"经营"，可以从哪些词语中寻得启发和门径？就是可以从哪些词语入手？

生（全体）："收藏""精英"。

师：对。这三个句子虽然从修辞来讲，不能算是互文。比如说"朝歌夜弦"就是典型的互文，你不能说早上就唱歌，晚上就弹乐器，应该是早晚唱歌弹乐器，这叫"互文"，互文不"合而见义"，就不能"解其义"。但是像这一种排列的句子，可以互相参照，是一种反复，同时又回避词语单调简单的重复。所以"经营""精英"，都是六国费劲心思从其他国家争抢、抢夺来的宝物。

第三组同学说说"其费可谓靡矣"？

生："鼎铛玉石，金块珠砾，弃掷逦迤，秦人视之，亦不甚惜"。

师：啊，这是耗费的奢靡。有没有不同理解？（提问的指向好像稍欠明确。是对这句话有不同的理解，还是要同学们再列举其他句子来印证"其费可谓靡"？从下面的问答看，好像是后者。）

生："蜀山兀，阿房出。"

师："蜀山兀，阿房出"，就是说把蜀山的东西都砍光了。好的，请坐。其他同学有没有补充理解的？

生：从"使负栋之柱"到"多于市人之言语"。

师：好的。有同学问"瓦缝参差，多于周身之帛缕"，这个句子书上没有注释，他不懂，你能解释一下？

生：参差的瓦缝比身上的帛缕还多。

师：好。这个"帛"是布，"缕"是什么？

生（全体）：丝。

师：对。这告诉我们房子上一片一片的瓦形成的瓦缝比我们身上穿的衣服上一缕一缕的丝还要多。（我们注意到老师对课文内容的梳理始终没有忘记对重点或者疑难词句的理解，这正是很多文言文教学把握不好的地方：要么教得像现代文，抛却文字基础，奢谈章法和文化；要么字字落实，句句串讲，教文言文就是教翻译。）作者仍然是用夸张、比较、衬托的手法，来突出它耗费之靡。好，请最后一组同学说说"其奢可谓极矣"体现在哪里？

生：我认为应该是"鼎铛玉石，金块珠砾，弃掷逦迤，秦人视之，亦不甚惜"。

师：对，这是非常典型的句子。把宝鼎当作破锅，把金玉当作沙砾，可见其奢靡的程度。其实《阿房宫赋》通篇都在表现秦始皇、秦王朝的——

生（全体）：奢侈。

3. 认识铺陈

师：对，奢侈。我们前面学过一篇《赤壁赋》，《赤壁赋》说不上是一篇典型的赋。我对你们说过，苏轼对散文的重大贡献，是对赋的拓展，是"以文写赋"。《阿房宫赋》可以说是典型的赋文，有人称之为"千古第一赋"，它典型地表现了赋的内容和特征。"赋"的形式特征是什么呢？有同学知道吗？"赋"特别重视——

生（全体）：铺陈。

师：对，铺陈排比。它能从多角度反复描写同一个对象。我一个字，他写一大排句子，对吧？我几个句子，他用通篇来表现，这就是铺陈。铺陈的作用大家体会出来了吗？

生：更能突出表现描写的对象，语言有气势。

师：啊，主要有两点。一是更突出事物的特点，还有一点是语言有气势。怎样使语言有气势啊？对，是将大量的排比、比喻和夸张组合到一起，表现了语言的气势，语言具有了超乎寻常的表现力和魅力，征服了我们。（这段话是对铺陈作用的解释，也是对刚才同学理解的补充。如何让学生真切地领会铺陈的好处，老师采用的是诵读的方法。如果让学生先谈铺陈作用的初浅体会，然后老师再配乐朗诵，让学生在老师声情并茂的诵读中进一步体会铺陈的作用，是否比老师先概括铺陈的两个作用更好一些呢？）下面我想通过诵读，请大家整体感受一下语言的美、语言的气势和文章所表现的阿房宫的特点。

（师配乐诵读全文）

师：刚才老师诵读了全文，为了加强效果，配上了古典的音乐。现在同学们可以先自由诵读一下，有谁愿意尝试一下，选择一两个句子、一两个片段，能够在诵读中表现赋的特点。有哪位同学主动试一下？（指名）你读一下第二小节。（为什么选这一段要学生读？因为这一段的虚词很典型，而文气主要是靠虚词传达的。更何况老师对六个"也"的作用理解独到，有话可讲。所以，选择朗读的语段也是大有讲究的。）

（生读第二小节）

师：总的来说不错，就是意味的表现稍微欠缺了一点。比如"而望幸焉"这里，可以稍微慢些，表现期盼、等了好久都等不到皇上的心理。当然读好这一段，关键在于虚词的处理，你们知道是哪一个？（直言不讳,而且指出问题所在,指出关键所在。同时很自然地带出了"也"的表达效果的分析。)

生(全体):"也。"

师:对,大家数一数,这里一共有几个"也"?

生(全体):六个。

师:那你们体会一下这六个"也"表达的效果是否一样?有哪一个"也"与其他"也"作用是不同的?有没有发现?(第二个问题补充及时,降低了思考的难度,规定了思考的范围。否则,学生可要每一个都去细细斟酌了。有时候教学进程的散漫或者困难,就是这种细节不够注意造成的。)

生(全体):最后一个。

师:对。前面五个"也"是表判断,而最后一个"也"更多的是强调。前面五个句子并列关系更为紧密,而最后一个句子要相对疏离一些,所以大家读的时候,最后"辘辘远听,杳不知其所之也",车远远地来了,宫女心中就充满了希望,"要到我这里来了",车又慢慢地远走了,心中的失望随着车声的远去而增强。皇帝看不见了,车声听不到了,我们要读出一个效果来,让我们觉得宫女仍然在翘首盼望。下面同学们集体把这一段再读一下。

(学生齐读第二小节)

师:"杳"字还是读得太急了,同学们课后再仔细琢磨一下。"辘辘远听,杳——不知其所之也",不要太急。

4. 主旨解读

师:课前有同学提了一个问题,问"本文的中心段,也就是作者要表达的意思是哪一段"；还有同学问得更具体，"本文点明主旨的句子是不是最后一句？"这些同学都在思考，你们看是不是最后一段？

生（全体）：是。

师：是不是最后一句？看来大家有不同理解。其实我觉得不一定要落实到具体的某一句，这一段都是作者在表达他的思想。

本文和《六国论》不一样，它不是一篇史论，但作者仍然表达了他对历史的感悟、见解，在告诫后人。大家想一想这一段中的"后人"是指什么样的后人？"使六国各爱其人，则足以拒秦；使秦复爱六国之人，则递三世可至万世而为君，谁得而族灭也？"谁能够消灭他们呢？"族灭"就是"灭族"。"秦人不暇自哀，而后人哀之；后人哀之而不鉴之，亦使后人而复哀后人也。"大家注意，这里四个"后人"的内涵、所指的对象是否一致？（此处应当是重点，也是多种考试常涉的考点，是绕不过去的。）

生（全体）：不一致。

师：怎么不一致呢？哪位同学分析一下？（指名）你说说对这几个"后人"的理解。

生：第一和第二个"后人"，是一个意思，相对于秦人的后人；第三个"后人"是相对于前面两个后人的再一个"后人"，是后人的后人。

师：是后人的后人。假如说，我们解读文章的时候，注意文章的背景，如果从杜牧写作的年代、时期来看，他写于唐，唐敬宗大造宫室，不问政事，所以这个"后人"，我们可以把它理解为"唐以后的后人"。最后一个"后人"是第三个"后人"的意思呢，还是前面两个"后人"的意思呢？

生（全体）：与前面两个一样。

师：对。四个"后人"两层意思，一、二、四是指秦以后的人，第三个是指唐以后的人，是这样的吧？其实，这四个"后人"两个意思，又指一个共同的对象，是什么？

生：国君。

师：对，主要是指君主、皇帝。黄老师在读这篇文章的时候，想法也很多，读到最后一段的时候，我忽然有感而发，把杜牧的最后一段改写了一下。也许是狗尾续貂——可我改写以后蛮得意的，现在呢，"敝帚不自珍"，让大家比较一下，作者写的和我写的哪一个好，好在哪里。你不要觉得杜牧写得好，黄老师也不差的啊。（生笑）现在同学们集体把这段话读一下，然后品评一下，看看哪个好。

（投影显示）观古今之成败，成，人也，非天也；败，亦人也，非天也。成败得失，皆由人也，非关天也。得失之故，归之于天，亦惑矣！

下面我们齐读这一段，我读到"嗟乎"，你们就接着读下去。灭六国者，六国也，非秦也。族秦者，秦也，非天下也。嗟乎！——

（生全体朗读）

师：大家读得很好，说明大家对这段话理解得很到位。下面同学们自由发挥，谈自己的评价，不要碍我面子。哪位同学先说说？（指名）你喜欢哪一个？

生：我觉得都有长处。（生笑）

师："都有长处"，还有半句话，言外之意，你们能补充出来？

生（全体）：都有短处。

师：你说说我们的长短。

生：原文前面一半写到"谁得而族灭也"，是单指秦国破灭这件事情，而您写的范围更大一点，所以前面一半您写得好。到后面，他的思维又上升到了更高的一个层次，而您最后"得失之故，归之于天"，只是对前面再来一个总说，而他写的思想更上了一个层次。

师：这位同学从语言、思想内容等角度进行了评说。我听得出来，她更喜欢杜牧的。（生笑）尽管她在比较的时候，说我也有好的，从时空来讲，更有时空感；另外从语言形式上说，杜牧的文章在思想上不断加深，而我写的最后一句只是前面观点的重复而已。其他同学有没有不同意见了？

生：我觉得杜牧写得好。（生笑）

师：不要紧，你说杜牧好在什么地方？

生：因为这篇文章前面写的都是阿房宫和秦始皇的奢侈，目的是要使后人以史为鉴；而您写的是关于成功和失败的。（又是一个了得的学生，能从文章的文脉和主旨来比较。文脉要一脉相承，主旨要集中突出，这是作文的要招。老师的续作是有另起话题的痕迹，老师是知道自己续写的质量的，但评杜文和续文的优劣原不是教学的初衷啊，所以老师还将"撩拨"学生。）

师：就是与前面的描写关系不是太紧密？哦，她是从文章的章法进行比较的。你能不能发现一点我好的地方？（生笑）

生：你这段话的观点是正确的。（生笑）

师：我这段话的观点是正确的，就是放在这篇文章里不好？（生笑）好，请坐。有没有不同意见的了？大家肯定还有很多想法，现在不能一一讨论了。刚才两位同学比较得还是不错的，但是我觉得你们对我不是很公平。（生笑）有什么道理呢？我就觉得杜牧从秦的灭亡、秦的奢侈，来告诫历代君主、以后的君主要引以为戒，但是我觉得这局限了历史思考的意义。我做君主吗？我不做。你们在座的同学将来会做君主吗？可能性也不大，是吧？所以我们这些普通人读《阿房宫赋》，就不能从中汲取一点什么吗？

刚才一位同学说我写的内容和前文不太一贯，我觉得还可以啊。（生笑）他说，"灭六国者，六国也，非秦也"，六国的灭亡是自己造成的，"族秦者，秦也，非天下也"，也是秦自己导致的，对不对？所以我说，嗟乎！普通的人虽不能占有一国，成功是我们都要追求的。所以说我的观点更广泛一点。不过有一点倒是真的，就是从全文结构来看，从语言形式来看，杜牧肯定是比我好。一千年以后肯定有人记得杜牧，一千年以后肯定没有人记得我黄某。（生笑）

5. 梳理思路

师：我现在想到一开始我说过的，这篇文章我读到后来就成了几个字，其实用三个字就能把全文的内容和结构都表现出来了。

现在同学们回想全文内容，或看黄老师缩写的这段话（投影显示），在这段话里挑三个字，概括全文内容。《阿房宫赋》洋洋千言，其实三字足矣。大家想想，哪三字呢？"阿房之宫，其形可谓雄矣，其制可谓大矣，宫中之女可谓众矣，宫中之宝可谓多矣，其费可谓靡矣，其奢可谓极矣。其亡亦可谓速矣！嗟乎！后人哀之而不鉴之，亦可悲矣！"谁愿意说说？

生：奢、亡、鉴。

师：对。我读到最后，只剩下这三个字。课后，同学们好好背一背这篇千古第一赋，同时让我们永远记住这三个字。奢必亡，这是国君要借鉴的，也是我们这些普普通通的人所要借鉴的。

好，今天就到这里，下课！

听者思语

　　黄厚江老师在长篇论文《文言文应该怎么教》中提出了四个层面的教学内容：文字、文章、文学、文化。我以为可以归纳为文字、文章、文化。因为文学与文章、文化互有牵连，彼此交融。如果从这个角度来认识黄厚江老师的课例，更可以看出示范的价值。

　　把一篇课文看作是文字、文章、文化的载体，那么，执教者对课程资源的开发，就显得非常必要。我们非常难得地看到，在这堂课上，这三个层面的教学内容都兼顾到了，但不是拼盘，而是水乳交融地整合在一起。譬如在分小组梳理层次时，也带动了鉴赏和品味；譬如即使理解作者的写作意图，仍然是结合"后人"的词义理解来进行的。为了说明问题，我们还是把它们分解列举。文字层面的内容，通过解决预习过程中的普遍性问题来落实。这样，难字难句就在师生互答中解决掉了。文章层面的，涉及内容和形式，内容的理解找到一个很巧妙的抓手：自撰的一段缩写发挥了很多、很好的作用。既是对整篇课文内容的提要，又是分组深入理解各部分内容的导向，教学内容和教学进程就靠这一段缩写统一在一起。形式的鉴赏涉及赋体文章的铺陈：反复、排比、比喻、夸张等一系列语言修辞，主要用配乐朗诵来体会。文化层面涉及两个问题，一个是杜牧写作意图，一个是执教者的阅读收获。其实对任何一桩历史人事，我们都是从当代的立场上去观照的。杜牧站在监察御史的立场上，针对唐敬宗的大兴土木，作《阿房宫赋》以砭时弊，宝历年间就是"今"。正像黄老师所说，今天，我们不会去做监察御史，也没有人去做唐敬宗，但我们仍然可以从中得到收获："奢"必导致"亡"，要以"亡"为"鉴"。习惯于教翻译的老师，可以从中看到执教者如何从文体特征出发决定教学内容，如何从章法鉴赏到文化承传上拓宽课程资源，从而使自己的课堂增加深度和容量。在鉴赏和感悟的幌子下，抛开语言文字的习得，架空分析的老师，也可以从课例中看到执教者是如何重视字句的落实，疑难的辨析等文言积累。

当我们明白了教什么以后，剩下的就是怎么教的问题了。看得出黄老师是把一堂课当作一篇文章那样精心营构。整堂课有四个大的教学环节：一是通过师生问答形式解决预习过程中的疑难、重点字句；二是通过缩写、填空、分组查找，理解相关句子来感知内容、梳理层次；三是通过教师诵读、学生试读来感受赋体文章的特点，体会"天下第一赋"的语言魅力；四是通过"我"与杜牧比文章，来理解文章的主旨、写作的意图以及新的启示。四个环节如何过渡，如何分配时间都是胸有成竹。每一个环节的教学主要采用什么方法，利用什么抓手来突破，也都是各有不同。第一环节的问答，虽然传统，但非常注意方法的指导，注意对学生自信心的激励和自尊心的尊重。第二环节通过一段缩写，真是别开生面。围绕这段缩写，有了整体感知，有了思路梳理，有了主旨概括，有了老师示范，有了学生分工。第三环节诵读法，也是"到什么山上唱什么歌"，文言文要重视读，文赋更要以声求义，以声传情，以声品味。第四环节的所谓"狗尾续貂"其实是一箭双雕的妙招：即让学生认识到杜牧文章的妙处，把学生学习古文带到一个新的境界——古文可以新读，而且应该新读。这四个中心环节又由好多小的对话环节构成，如果我们仔细琢磨，每一次语言来回，都有值得效法和深思的地方。

当然，对于赋体文章的鉴赏，是否还可以更加"文化"一点？譬如谈及铺陈的作用，我以为本文的铺陈不仅仅是文势的制造，其实是为了更加沉痛地表达自己对历史的深刻感受和深沉思考，对于王朝现实的一种反复忧叹。这也正是赋的应有之义——"体物写志者也"。对于《阿房宫赋》，能否放在杜牧的咏史的"主旋律"上观照：他的许多咏史诗，如我们熟悉的《过华清宫绝句》《泊秦淮》都体现了这种忧思。如果我们再花多一点时间，把杜牧放在传统士人的价值观平台上观照，学生就会意识到，《阿房宫赋》所表现的那种以天下为己任的情怀，正是古代知识分子经世济民的优秀文化品格。

（浙江省宁波市教育局教研室　褚树荣）

教者思语

在各项活动的进行中对具体文本的解读和落实还可以更加具体和充分，对文本主题、作者写作意图的解读，显得不够丰富和深刻。

《谏太宗十思疏》教学实录
——让差异成为课堂的"酵母"

1. 指名朗读

（课前为学生提供高中语文新教材A版、B版的复印件，均见附录）

师：今天与同学们一起学习一篇文言文《谏太宗十思疏》。课前布置了三条预习的要求，很多同学都做得非常好。现在先分别请三位同学来读一读课文。一个人读一段，其他同学注意听一听，他们的字音和句读是不是正确。好的，有没有哪位同学愿意主动来读第一段？有没有？（一位女生举手）好的，这位女同学。

生：我读A版本。

（生读A版第一段）

师：这位同学很细心，我倒没想到，提醒同学们读哪一个版本。她开头明确了读的是A版本。下面我们两位同学也就接着读A版本吧。哪位同学愿意来读第二段？刚才那位同学读的时候，我注意到有些同学边听边做一些符号，很好。哪位同学来读第二段？（一位男生举手）好，这位男同学。

（生读A版第二段）

师：请坐。哪位同学读一读第三段？好的，请这位同学。

（生读A版第三段）

（读完，同学们自发鼓掌）

师：请坐。同学们的掌声省略了我的一个教学环节。我本来想请一位同学评点一下三位同学的诵读，我想你们的掌声其实已经代表了你们的评判。三位同学读得都非常好，字音句读都没有发现问题。当然，从通过句读来表达思想情感的角度来看，第三位同学处理得更好，他把文言文的"味"和作者的内在情感通过自己的诵读表现出来了。诵读是理解文本的一种途径，也是表达我们对文本理解的一种方式。从某种意义上说，一篇文言文读好了，文章内容就基本理解了。

2. 比较注释

师：平时老师和同学们学习文言文都是一个版本，今天黄老师给你们发了同一篇课文的两个版本，希望你们通过比较两个版本的不同注释去理解文义。刚才我问了一位同学，他说通过两种注释已经把课文理解得很好。文章的注释是理解文意的帮手，更重要的是，注释本身也是学习的资源。通过对不同的注释加以比较，可以非常有效地提高我们阅读文言文的能力。

平时，有些同学经常跟我说，黄老师你讲的跟书上不一样，或者课本跟什么什么书上不一样，他就表现出十分痛苦的样子。我说你应该因此有一种学习的幸福感。如果一个同学读一篇文言文，先看一个注释之后，再看到不同的注释就认为都是错的，这就是缺少一种真正的学习能力，对不对？两个注释一比较，就会加深我们对文本的理解。我想请两位同学交流一下，你们在看两种不同注释的时候，有没有痛苦，有没有矛盾？好的，哪位同学先来说说看了两个版本不同注释的"痛苦"？（一位同学举手）好的，这位同学有痛苦。你说一说哪一词的哪一个解释让你痛苦？

生：痛苦的不是解释，是注音。"臣闻求木之长者"的"长"，A版本注音是cháng，而B版本上注音是zhǎng，让我感到不知所措。

师：你后来有没有选择一下，你倾向于哪个？

生：我倾向于zhǎng。

师：说说理由。

生：因为"臣闻求木之长者"，"长"那个解释是"生长"，我觉得根据后面文意趋向于"生长"好一点。

师：请坐，这是非常好的一种方式，比较中有自己的思考。有没有同学倾向于读cháng的？（一位同学举手）好的，你也说说理由。

生："根不固而求木之长"，让我想到了一个寓言故事，就是"揠苗助长"，那个故事中的主人公，他把那个苗使劲地拔高以后，是想让它变长，但是没有"固"到它的根，所以这里用cháng也许会更好一点。

师：这叫旁证，也是解读文言文的一种方式。同学们记住，今后我们更多的是靠内证。根据"揠苗助长"是否就读cháng？"让它变长"到底该读什么音？都是还要讨论的问题，我们暂且放一放。能不能从文章中找到依据？（有同学举手）好的，这位同学。

生：我们看下一句，是"欲流之远者"，我觉得这里面的"远"和前面的"长"对应，所以读cháng相对应会比较贴切一点。

师：这个方式好，看下文来确定。这篇文章排比句特别多。排比句是我们求证文意很重要的一个依据。下面对应的是"远"，"远"是形容词，那么这个地方"长"理解为形容词读cháng更好。再下一句还有一个"安"，"安定团结"的"安"。其实还可以从字义本身来看。"固根本"是为了追求"木长"。长得慢，长得快，长得矮，长得高，都是"长zhǎng"，对不对？而这里强调的不仅仅是"长zhǎng"，而是要长得高，古人称"高"常常谓之"长"（cháng），对不对？所以，我也倾向于这里读"cháng"。我们当然不能说"长"（zhǎng）就不对。语文很多东西并不是非此即彼的。

好，其他同学有没有痛苦？有没有遇到矛盾？又是怎么解决的？其实，还有很多。我举一些例子，与大家一起来看看怎么选择，怎么来推敲。比如，后面有一个"浚"，B版本注的是"深挖"，A版本注的是"疏通"。想一想，"疏通"好，还是"深挖"好呢？当然都可以，哪个更好？倾向于"深挖"好的举手给我看看。

（有一位同学举手）

师：啊，这一位同学说"深挖"好，但我跟大多数同学一样倾向于"疏通"好。因为这个地方我们不在于挖多深，当然有时候需要就挖得深。关键只要疏通了，那就流得远了，对不对？你把一个地方挖多深，没疏通，能远吗？不会远。一琢磨意思就明白了。再如"下愚"，A版本注"愚昧无知的人"，B版本注的是没有"……的人"。要不要加"的人"？就是说这个当名词好呢，还是当形容词好呢？——应该是加好。其实B版本呢，它后面的"明哲"就注为"明智的人"，对应的位置"下愚"，也就是"愚昧的人"。从注释的合理性看，要么两个全注，要么注前面一个加"……的人"，后面一个不加"……的人"，对不对？其他还有"戒奢以俭"，两个注释的意思不同，大家有没有注意？B版注释为："戒奢侈，行节俭"。"以，用，行"。支持这个注释的同学举手。

（少数同学举手）

师：看来大多数同学不大喜欢，应该说，这个注不是很好。这个"以"恐怕应当是相当于一个文言虚词"而"更好，对不对？一方面要厉行节俭，其实同时就是"戒奢"。这个注释前后是有矛盾的。

3. 比较删减

师：好了，如果一一比较下去，课文里有很多注释都值得我们如此比较，如果有时间如此推敲，必对你的文言文学习有很大帮助。当然所有问题不一定在课内来解决。

这两个版本，除了注释不同，文本也不同。A版本里有很多内容B版本都删了。我看很多同学已在A上画出来那些删掉的内容。现在我想就这个问题展开讨论。大家觉得总体看是删好还是不删好？认为不删好的同学举手。好的，大多数认为不删好。再请认为删掉好的同学举手（部分同学举手）。请一个代表说说为什么删掉好。

生：我觉得删掉以后并不影响全文意思的表达。

师：这位同学非常严谨。如果影响表达，这就不能删；如果不影响表达，当然是越简越好。现在我们讨论一下：删是不是影响表达呢？刚才很多同学都说不删好，哪位同学来说说不删为什么好呢，或者说删了以后为什么影响表达呢？（过了好久，一位同学举手）好的，后面一位男同学。

生：哦，我觉得是删好。

师：也请说说理由。

生：因为经过删繁就简，使文章的总体思路更加清晰和明了，也不会破坏原文的主旨，就是告诉皇上要"居安思危，戒奢以俭"，我觉得删了以后的话我们看了就不会感到杂乱。

师：尽管这个同学没有听清楚老师的要求是让认为不删好的同学发言，但是我还是很欣赏他的发言。他的内容跟前一个同学差不多，认为删掉不影响，反而更不乱。但他说得更具体，认为并不影响文章主旨"居安思危"的表达。我们刚才有那么多同学倾向于不删的，你们也想一想你们的理由。我们应该从哪些方面评价它删好还是不删好？讨论这个问题，应该有一个清晰的思路。刚才这位同学就提供了一个角度。

大家首先从主旨的角度看，删掉和不删掉有什么区别？当然，我们还可以从结构的角度，我们还可以从语言的角度，还可以从文章气韵的角度来看，删了以后到底有没有影响？

（板书：主旨、结构、语言、气韵）

师：我们就先来看主旨吧。刚才那位同学已经说了，删改不影响文章"居安思危"这个主旨的表达。同学们回顾一下文章的内容，你认为这篇文章的主旨是不是"居安思危"？有没有不同的理解？有的请同学举手（无人举手）。一个都没有？全班同学都认为文章的主旨是"居安思危"？——这位女同学好像有点犹豫。不要犹豫，你认为是"居安思危"吗？

生：我认为不应该是"居安思危"。"谏太宗十思"是要告诉太宗应该怎么做，而不只是这单单的一点。

师：你的意思是单单"居安思危"还不足以概括"十思"，对不对？

生：对。

师：非常好，至少这是一个很好的思路。这篇文章全文其实是扣住一个字展开的，哪一个字？（有学生说"思"）对，有哪位同学细心地数过全文有多少个"思"？我数过的，如果我没有数错的话，应该是14个。除了中间的10个以外，开头一段有2个，最后一段还有2个。这14个"思"之间是什么关系呢？我们先看最后的2个"思"："总此十思，宏兹九德"你说这个"思"起什么作用？（有学生说"总括"）对，总括。再看开头第一个"思"在哪里呢？"思国之安者，必积其德义"，这个"思"起什么作用呢？声音大点。

生：我认为是引起下文。

师：是总领，对。所以，从文章的脉络来看，14个"思"，总分总的逻辑关系很清楚。我们再看文章开头的几个句子：从句式角度讲，是用了排句；从修辞方法角度讲，用了什么方法？（有学生说"排比"，有学生说"比喻"）对，是用了排比和比喻。那么，说"木之长者""流之远者"这两句话的目的和作用，是为哪一句话服务的？对，为后面一句话，前面两个喻体，所以后面一句话是关键。从文思角度看，这个"思"是总领，是核心句。所以，我们可以看出，全文的观点更合理的应该是什么？

生："积其德义。"

师：同学们想一想，应该发现"积其德义"比之于"居安思危"更能概括"十思"的内容。那么在这个基础上，我们回过头来看一看它删掉的那些句子到底有没有影响呢？大家看第一小节接下去删去的一个句子是什么呢？是"德不处其厚，情不胜其欲"。第二段还有"莫不殷忧而道著，功成而德衰"。这些都是引出反面的没有"德"的例子。可见把观点唯一地理解为"居安思危"，正是由于受文本删减的影响。文本不删，让我们更容易准确地把握的主旨是"积德义"（板书：积德义）。

再从结构角度看。开头先比喻，引出"积德义"重要；然后再说反面的情况，引出反面的举例；最后一段，"宏兹九德"再加以重申和强调，说"代下司职，役聪明之耳目，亏无为之大道"。从结构来看，前后的照应更加周密，"德"的主线更加清楚（板书：周密照应）。

我们再来看语言，同学们有没有注意到本文的语言特点？从句式角度看，主要是什么特点？

生：排比。

师：你是从修辞角度说的。如果从句式形态角度讲，除了排比句，还有什么？对，还有对偶句。能不能有一个句式的特点把排比、对偶都概括进去？

生：骈体句。

师：这个同学用了一个很典雅也是很准确的概念，叫骈句。如果不知道这个骈句的话，其实知道"整句"这个概念就行了。所谓"整句"就是句式整齐。但是如果单单是整句的文章会有什么不足？大家想一下，如果一篇文章全是整句好不好？（有学生说不好）为什么不好？有没有同学想到？一篇文章全是整句，要么排比，要么对偶，那么这样的文章你读起来会有什么感觉呢？对，句式就会很单调，读起来就会呆板，感情的表达就不丰富。本文是以骈句为主，夹杂一些散句，骈和散的结合，就对文章气韵的表达有非常好的效果（板书：骈散结合）。

比如第三小节B版本删掉了一句"奔车朽索，其可忽乎？"大家看一看，如果删掉了这一句和"君人者"三字，后面的文句就起得有点突然，对不对？大家可以比较着读一读。——有了这一句散句，后面一气呵成十个整句，节奏的变化就更丰富了，情感表达就更到位。当然我们对课文气韵和情感的感受，不能靠老师讲，也不能靠说。下面通过对比诵读让同学们来感受。我们先听一个课文的诵读录音，是一个名人读的，他读的是B版本。请同学们认真听，注意感受，听完以后再听一个人读A版本，比较一下效果。

（播放B版本朗读录音）

师：好的，刚才同学们听了一位专家朗读的B版本，下面听黄老师读一下A版本。大家注意比较两次诵读所体现的不同效果和两个文本的不同。

（师示范读A版本）

（生一齐鼓掌）

师：谢谢同学们。同学们的掌声是因为黄老师读得好，还是因为A版本好？

生：都有。

师：都有？这位同学很聪明。但我想他的观点还是鲜明的。我们两个人读的最大区别是什么？有没有同学能概括得出？普通话不要说了，他比我好；嗓音也是他比我好。从文本的感情处理角度看，两个人最大的区别是什么？这位同学——

生：我觉得A版本读起来比较抑扬顿挫一点，感情上处理也比较丰富。

师：A版本的感情表现和我的诵读更激昂，情绪更外显，更强烈；B版本的处理更内敛、更沉稳。那么，这就有一个问题：读这篇文章，读这篇奏议，——"疏"是一种奏议——该不该激昂？我们要了解背景。唐太宗是个好君主，才立国的时候，对自己要求非常严，后来经济恢复了，国家安定了，他也开始享乐了，大造宫殿，很多大臣进谏，魏徵也进谏，他很生气，说你们再随便进谏，我对你们不客气了，其他人吓得不敢进谏了，只有魏徵一个人还在一次又一次地进谏。气得唐太宗回去跟爱人说：魏徵这个人太不识相，下一次如果再乱进谏，我非砍了他的头不可。可是他遇到了一个很贤惠的夫人，夫人说：人家之所以敢冒死进谏，就是因为你英明。——当然这话魏徵并不知道。魏徵仍然是冒死进谏。所以这个"疏"我们读起来应该是慷慨激昂的。所以，文章的气韵应该是很激昂。对不对？（板书：激昂）

古人说读文章要"因声求义"。这篇文章忠诚恳切的情感在文字之间流淌，我们诵读时应该把这种情感表现出来。

4. 解读主旨

师：太宗接受了魏徵的建议，两个人联手创造了"贞观之治"的盛景。后来魏徵死了，太宗说了一段话，成为千古名言。同学应该知道是哪几句话？他说："以铜为镜，可以正衣冠；以史为镜，可以（有两个说法），一个叫'知'，一个叫'见'兴替（知道国家兴衰的规律和道理）；以人为镜，可以知得失。"（板书：以铜为镜，可以正衣冠；以史为镜，可以知（见）兴替；以人为镜，可以知得失）

读"十思疏"，我就常常想起这句话。这一次备课的时候，再想到这句话，我也附庸风雅，在后面接上了一句。看看我们班同学能不能跟我一起把这句话接上？"以铜为镜，可以正衣冠；以史为镜，可以见兴替；以人为镜，可以知得失。"以什么为镜，又可以怎么样呢？大家能不能跟在后面续写一句话？——这有点难，我的想法也未必就对。同学们能不能尝试一下？——当我们读到这样的文章，我们就很顺其自然地会想到:"以文为镜,可以怎么样?"有没有同学可以接出下三个字?——(一位同学低声发言)好,那位同学在说——

生: 学知识。

师: 这话不错,而且是放之四海而皆准的道理。那具体到这篇文章呢,我们重要的可能不是学知识,在学知识的同时,还可以?

生: 积德义。

师: 这位同学很聪明,接受了魏徵的进谏,我们也可以积德义。有没有不同说法了?你怎么想?

生: 冶性情。

师: 都挺好。有没有了?

生: 善始终。

师: 他取其中的一个"善始终"。如果想一个说法把你们所说的都涵盖进去,有没有?你看你们从魏徵的"十思疏"中得到了这么多的教益。——哦,这位同学要发言,我还是让他先说——

生: 知一切。

师: 聪明聪明。但你"知一切"不行,还要让你的儿子也"知一切",让你的孙子也"学知识",让你的孙子的孙子也"积德义",那怎么办?——以文为镜,可以诫后人,好不好?(板书:以文为镜,可以诫后人)

5. 加工格言

师: 《谏太宗十思疏》不仅对唐太宗来讲是金玉良言,是非常好的建议;其实对我们来讲也是一种很重要的精神资源和文化资源。这篇课文中有很多话已经成为成语和格言。其实,我们不仅可以学习前人的成语，我们也可以根据古人的文献来创造成语和格言。黄老师读到文章中"念高危，则思谦冲而自牧；惧满溢，则思江海下百川"这个句子，脑子里就跳出了"谦冲自牧"四个字（板书：谦冲自牧）。后来请一个书法很好的学生，写了一个条幅挂在我书房里。

知道"谦冲"的"冲"是什么意思吗？（有同学说是"谦虚"）对，从"谦"到"冲"，"冲"是冲淡、平和。"自牧"呢，"自牧"是什么意思？是个倒装结构，是克制自己，把握自己。我这个人坏毛病很多，其中一个毛病，是有时候不太谦逊，也有时候得理不饶人。所以，我就以这个条幅经常自诫——"谦冲自牧"。

现在请同学们根据这篇课文的具体句子概括格言，看最多的同学能写出多少个格言，当然写得越多越好。可以想到一个写一个，想得不好再加工，看看大家能写出多少个来。

（学生概括提炼格言）

师：差不多啦？课堂上我们先交流一部分；没想好的回家再想。我们交流的时候，凡是已经有别人想过的我们就不重复，好吧？现在我先来看看，有没有同学想到五个以上的，有没有？一个都没有？想十个以上的有没有？有同学笑我了，五个没有，十个肯定没有。你想了几个了？

（就近问一个同学）

生：我还没数好。

师：你是没数还是没数得过来？那还是蛮多的，请你说说。

生：从第一段开始：求木固根、浚源流远、积德安国、殷忧道著、功成德衰、竭诚待下、纵情傲物。后面还有：知止安人、谦冲自牧。还有：慎始敬终、虚心纳下，等等。

师：挺好。要注意的是，成语或者格言既要语言简练，意思又要比较完整明白，像"浚源流远""积德安国"，就很好。像"求木固根"意思就不够完整和明白。应该怎样改一改?

生:根固木长。

师:很好。我考你一考好不好?如果你们班有个同学,将来做了一个企业的老总了,你要送一条幅给他,你觉得送哪个比较妥帖?

生:殷忧道著、功成德衰。

师:是不错,告诫他事业越是成功越是要注重"道"和"德"。你们觉得如果从本文中加工一个四字格言,送给一个老师,哪一个最好?有没有同学想到?(学生没有反应)——看来我的框框定得不大好——那么我们就再接着交流,刚才那位同学说过的以外,其他同学有没有补充?(一位同学举手)这位男同学有补充。

生:我觉得如果送给企业的老总,应该是"诚以待下"。我补充的,第一个是固其根本,第二个是源远流长,第三个是居安思危和戒奢以俭,然后是殷忧道著、功成德衰,下面是择善从之,简而任之。

师:简什么?

生:"简能任之。"

师:这样改一下很好,表意更完整和明确。

大家看看读文言文真有意思,我们不仅仅是背诵理解,学习古人写文章的方法;我们还要去把它内化,这样就可以成为我们自己的东西。

作为一个老师,我读到文章最后一段话"总此十思,宏兹九德,简能而任之,择善而从之,则智者尽其谋,勇者竭其力,仁者播其惠,信者效其忠;文武争驰,君臣无事,可以尽豫游之乐,可以养松乔之寿,鸣琴垂拱,不言而化。何必劳神苦思,代下司职,役聪明之耳目,亏无为之大道哉?"我觉得"不言而化"四个字送给老师最好,这应该是教育的最高境界吧。

当然,送给不同的对象,肯定有不同的选择。(一位同学举手)好的，这位同学主动有补充。

生：送给老师还有一个四字格言比较好，"奔车朽索"，把那个"朽"改为"锈"更好一点。"锈"，那个绳索不是腐烂了，我觉得是：用腐烂的绳索，可以是老师教育学生的一种方法；"疾驰的马车"就是怎样把学生给管理好。

师：你这样劝我们老师怎么做啊？

生：可以用一些新颖的方法。

师：哦，就是不要用老车？不用老的方法？这个同学的见解很特别，但一下子不好理解。——不过作为一个老师，我还是接受你的建议。再找下去，我们一定还能找出很多个闪现我们思想火花的成语格言。这就要好好感谢魏徵了。难怪魏徵死了，太宗特别伤心。他极为伤感地说："今魏徵殂逝，遂亡一镜矣！"（板书：今魏徵殂逝，遂亡一镜矣）

师：但是我想，当我们读着这篇著名奏议的时候，魏徵这面镜子并没有丢失。只要我们"以文为镜"，来告诫后人，即使魏徵死了，这一面镜子也永远在我们的心头。（板书：以文为镜，一镜永在）

6. 课堂小结

师：下课之前，黄老师要跟你们说一句读书方面说烂了的话，叫"书读百遍，其义自见"。不过，这句话怎么理解呢？自然是"书"要在"读"中去见其"义"，但是这个"读"是指什么呢？这个"义"又是指什么呢？我觉得"读"，一是指诵读，古人称之为"因声求义"。你看，我们通过同学们读、老师读、录音读，从读中求其义。更重要的，我们还要学会"研读"，同学们通过不同注释，不同版本，去比较，去讨论，这叫"研读"，"研读"是"以我观文"，用我的心去读文章，这样我们得到的"义"，就不仅仅是作者的"义"，还有更丰富的、发现的"义"。

这样读书，我们才会得到更多的、更丰富的收获。今天一节课，跟同学们学习一篇文言文，时间还是比较仓促的；不过同学们课前在王老师带领下，对文义有了初步的理解。当然，可能还会有很多问题，向你们王老师问也可以，跟我联系问我当然也可以。

谢谢同学们，下课。

听者思语

（一）

这节课最大的特点是运用比较的教学方法。

一是两个版本的比较。通过这个比较，基本读懂了这篇课文的所有内容，从注释到删减，从语言到结构，从主旨到思想感情。文言文的不同版本，对很多老师来说是一个教学的难题，而黄老师却将它转化为教学的凭借和抓手。学生不仅读懂了这篇文章，更有意义的是学会了如何解读文言文，如何推敲语言，如何解读文意。

二是朗读的比较。将自己的朗读和录音朗读进行比较，这是我们见所未见的，更是想所未想的。这就使我们对黄老师一贯提倡的学生立场有了深切的理解。我们平时的朗读，常常是一种纯粹的教学形式，是为读而读，所以听朗读磁带成为风气，以致很容易成为形式主义。而黄老师这样的读，就是为了让学生理解文本。从现场看，效果是非常显著的。

（江苏省盐城中学　陈俊江）

（二）

黄老师让学生从文中选择语句加工为生活格言这一活动非常具有智慧。我们一般教文言文，就是为了弄懂文意。教学的基本形式就是串讲，就是翻译，最多穿插一些问题的讨论。黄老师的文言文教学内容是丰富的、立体的，我们知道黄老师一贯主张文言文教学要做到文言、文章、文学、文化的融合。但想不到他在文言文教学中融合了这样的语言活动，可以真正收到"一石三鸟"的效果：深化了对文本的理解，体会了文章的语言特色，积累了丰富的语言，同时又是情感态度、价值观的教育。

（江苏省苏州中学　孟华群）

（三）

听黄厚江老师的这节课，最深刻的印象是那行云流水般的教学节奏，与师生高度交融的教学情景，正陶然于中的时候，一节课已经结束。

细细回味，这节课，是有许多可圈可点之处的。首先是用具体的课堂教学过程演绎了新课程理念的丰富内涵，阐释了黄老师一贯的语文教学思想。人文性和工具性的统一，知识和能力、过程和方法、情感态度和价值观三维目标的实现，教师角色作用的发挥和学生主体地位的凸显，教学过程中的师生对话，目标的预设和生成，语文教学中的研究性学习等抽象生涩的概念，我们都可以从这一节课中获得具体的感受和清晰的认识，使我们深信，新课程理念不是架空的，而是体现在实实在在的教学过程中的。

其次是教学形式富有创意，又切合文本的特点，发挥了教科书的优势。我相信所有听课老师都会和我一样承认，我们从来没有这样教过文言文。但黄老师"随心所欲而不逾矩"，真是开人眼界。文言文的教学，重在多读，由读入手，这是教学的常理，黄老师这一节的教学目标主要是通过读来整体感知课文，理解基本内容，体会作者的思想感情。这似乎没有什么新奇之处。但令人耳目一新的是，黄老师教学过程的组织和读的方式，由读而及的丰富内容，对学生文言文诵读的有效指导。这既得益于教科书的呈现方式，又是教科书使用的一个成功范例。"寻觅文言津梁"这一个专题，就是让学生了解文言文学习的基本规律，第一个板块则主要引导学生掌握文言文诵读的要领。黄老师这一节课的教学就以此为基础立意，同时又在教科书的基础上做了一定的拓展和丰富。

将自己的诵读和录音的诵读进行比较，让学生加以评点；在与学生完全平等的对话中引导学生的语文学习，这不是每一个语文老师都敢做的，更不是每一个语文老师都能做到的。事实证明，这样做的效果十分显著，学生的感受是深刻的，学生的收获是实在的。

总体而言，笔者觉得这是一节新颖而又厚实、创新而不违背规律的文言文教学的课堂范例。

（江苏省南通市天星湖中学　陈明华）

教者思语

课堂教学时间的控制、教学起点的确定、有些内容的选择等，都可以再推敲。有些环节活动的组织不够简洁，收放不够自如，对学生学习的引导显得生硬。加工"格言"应该是个不错的活动，但铺垫不够，实施的效果并不算理想。

附：

谏太宗十思疏（A版）

魏　徵

臣闻求木之长者，必固其根本；欲流之远者，必浚其泉源；思国之安者，必积其德义。源不深而望流之远，根不固而求木之长，德不厚而望国之治，虽在下愚，知其不可，而况于明哲乎！人君当神器之重，居域中之大，将崇极天之峻，永保无疆之休，不念居安思危，戒奢以俭，德不处其厚，情不胜其欲，斯亦伐根以求木茂，塞源而欲流长者也。

凡百元首，承天景命，莫不殷忧而道著，功成而德衰，有善始者实繁，能克终者盖寡。岂其取之易而守之难乎？昔取之而有余，今守之而不足，何也？夫在殷忧，必竭诚以待下；既得志，则纵情以傲物。竭诚则吴越为一体，傲物则骨肉为行路。虽董之以严刑，振之以威怒，终苟免而不怀仁，貌恭而不心服。怨不在大，可畏惟人；载舟覆舟，所宜深慎。

奔车朽索，其可忽乎？君人者，诚能见可欲，则思知足以自戒；将有作，则思知止以安人；念高危，则思谦冲以自牧；惧满溢，则思江海下百川；乐盘游，则思三驱以为度；忧懈怠，则思慎始而敬终；虑壅蔽，则思虚心以纳下；想谗邪，则思正身以黜恶；恩所加，则思无因喜以谬赏；罚所及，则思无因怒而滥刑。总此十思，宏兹九德，简能而任之，择善而从之，则智者尽其谋，勇者竭其力，仁者播其惠，信者效其忠；文武争驰，君臣无事，可以尽豫游之乐，可以养松乔之寿，鸣琴垂拱，不言而化。何必劳神苦思，代下司职，役聪明之耳目，亏无为之大道哉？

谏太宗十思疏（B版）

魏　徵

臣闻求木之长者，必固其根本；欲流之远者，必浚其泉源；思国之安者，必积其德义。源不深而望流之远，根不固而求木之长，德不厚而思国之安，臣虽下愚，知其不可，而况于明哲乎！人君当神器之重，居域中之大，不念居安思危，戒奢以俭，斯亦伐根以求木茂，塞源而欲流长者也。

凡百元首，承天景命，善始者实繁，克终者盖寡。岂取之易守之难乎？盖在殷忧，必竭诚以待下，既得志，则纵情以傲物；竭诚则吴越为一体，傲物则骨肉为行路。虽董之以严刑，振之以威怒，终苟免而不怀仁，貌恭而不心服。怨不在大，可畏惟人；载舟覆舟，所宜深慎。

诚能见可欲，则思知足以自戒；将有作，则思知止以安人；念高危，则思谦冲而自牧；惧满盈，则思江海下百川；乐盘游，则思三驱以为度；忧懈怠，则思慎始而敬终；虑壅蔽，则思虚心以纳下；惧谗邪，则思正身以黜恶；恩所加，则思无因喜以谬赏；罚所及，则思无以怒而滥刑。总此十思，宏兹九德，简能而任之，择善而从之，则智者尽其谋，勇者竭其力，仁者播其惠，信者效其忠；文武并用，垂拱而治。何必劳神苦思，代百司之职役哉？

《蜀道难》教学实录

——在多样的诵读中体悟诗歌的艺术

1. 检查预习

师：（板书写课题）今天我们学习李白的《蜀道难》。有没有想到今天这个课题为什么要竖着写呢？

生：（小声的）山高啊。

师：现在不多说，等一会儿你们就明白了。课前要求大家熟读课文，最好能背诵。课文能背上了吗？背上了的请举手（大部分同学举手）。好的。没有背上的继续背，背上的要能默写。现在请一起背诵，没有背上的就看课本。

（学生背，比较整齐）

师：背得不错。一直没有犹疑，说明同学们背得很熟。但是，有几个句子同学们背得很快，我听得不太清楚。我们一起落实几个字的字音。

第一个是"蚕丛及鱼凫"的"凫"怎么读啊？

生：凫（fú）。

师：嗯，不错。第二个是"飞湍瀑流争喧豗，砯（pīng）崖转石万壑雷"，"砯"字怎么读？

生：（同声）"砯（pīng）崖转石万壑雷"。

师：什么"崖"？

生：砯（pīng）崖，课本上有注音。

师：啊，我倒还没有在意。那版本不一样。过去我们一直读成"砯（pēng）崖转石"。没关系，你读你们的"砯（pīng）崖"，我可能还会读成"砯（pēng）崖"。还有一个句子，你们读得也不好，就是后面一个句子：其险——

生：（同声）其险/也如此。

师：不要读了，已经错了。"也"字，靠前，还是靠后？

生：靠前。

师：不但要靠前，还要拉长一点。诗歌一般不用虚字，李白的诗歌中用"也"字，跨越了诗文的界限，也可以说是以文写诗。李白写诗不守规矩，这也就是李白所以成为李白的一个原因。好，继续读。

生：（学生读）其险也/如此。

师：（老师示范）"其险也/如此"，"也"要读得稍长，可以突出"险"。

据说，李白拜谒贺知章，就呈上这首诗。贺知章读完之后，说"真乃谪仙人也"。什么是"谪仙人"啊？

生：就是被贬谪的仙人。

师：所以，李白被称为诗仙。贺知章的意思是，《蜀道难》是神仙才能写出的诗啊。"此曲只应天上有，人间能有几回闻？"神仙有什么特点？

生：不受束缚，比较自由。

生：想象丰富，奇特。

师：有道理，这是神仙的特点，下面我们就进入神仙的诗歌境界，感受诗仙的魅力。

2. 朗读关键句

师：诗歌讲究诵读。我们先来读前三个字。可以说，这首诗如果把前面三个字读好了，就不用学了。谁来试试？没有人举手？那我们请五个同学读一读，比一比，看怎样读更好。从这个同学开始，我们请五位男生——

生："噫吁嚱"！

生："噫吁嚱"！

生："噫吁嚱"！

生：（读不出来）

生："噫吁嚱"！

师：我修正一下要求——老师发现，不把后面的内容带上，不好读，对不对？（生：对）那好，把后面的一句连起来一起读，让感情充分表达出来。

（五个学生继续读）

生："噫吁嚱，危乎高哉！"

生："噫吁嚱，危乎高哉！"

生："噫吁嚱，危乎高哉！"

生："噫吁嚱，危乎高哉！"

生："噫吁嚱，危乎高哉！"

（五位同学读得各不相同）

师：这五位同学读得都不相同，姑且不评论谁读得最好，你们想一想这个句子会有多少种读法？

（学生没有反应）

师：同学们，排列组合有没有学？

生：（同声）还没有呢。

师：你们想一想，读这个诗句，不同主要在哪里？

生：重音。

师：对，重音，还有——

生：延长。

师：延长，还有停顿。

那么，重音有几种可能？延长有几种可能？停顿有几种可能？组合一下有多少种读法呢？等会儿，你们把这个题目给你们的数学老师做一做，看他能不能做出来。当然那样做，是数学的方法。我们现在用语文的方法。刚才几位同学读出了几种读法。现在，黄老师再读几种，大家看怎样读更好。

（教师比较诵读）

"噫吁嚱，危乎高哉！"（重音在"噫"和"危"，"吁""嚱"延长）

"噫吁嚱，危乎高哉！"（重音在"吁"和"危"，"吁""嚱"延长）

"噫吁嚱，危乎高哉！"（重音在"嚱"和"高"，"吁""乎"延长）

"噫吁嚱，危乎高哉！"（重音在"噫嚱"和"高"，"嚱""乎"延长）

"噫吁嚱，危乎高哉！"（重音在"吁"和"危"，"嚱""乎"延长）

……

讨论明确：

读法可以有不同，但基本要求是：

"噫"要重读，给人异峰突起的突兀感，"吁"不宜重读，否则会冲淡前一个字的重读；"嚱"也不宜重读而必须延长，加强感叹，重读了不自然，也破坏了感叹的色彩；"危"必重读，和"噫"呼应，形成起伏；"高"可重可轻，"乎"宜轻读，有感叹味，并形成起伏；"哉"可稍微延长，有吟诵的余味。

刚才我们讨论应该怎样读比较好，但同学又不必过于拘泥，关键是理解，读出自己的理解。现在请同学们继续读一读。

（学生自由读）

师：除了这三个词三个字，或者说除了读好这七个字，全诗还有一句话也很关键。读好它，对全诗就有了更深入的理解。哪个句子？

生：蜀道之难，难于上青天。

师：这个句子在诗中反复出现。一共几次？

生：三次。

师：出现了三次。三次能不能一样读？

生：不能。

师：肯定不能。请你们把这三句都画出来。

（学生画这三句）

师：请两位同学比读一下。有没有主动要求读的？

（学生没有反应）

师：没有？没有，我就指明了。张颢，该你出场了。另一个请龚思恩。

生：能不能多读一些句子？

师：可以。根据需要提前读一两个句子都可以，不要太多；太多这三个句子就不突出了。

（两位同学比读）

生：（第一个学生读）

"噫吁嚱，危乎高哉！蜀道之难，难于上青天！

"蜀道之难，难于上青天，使人听此凋朱颜！

"蜀道之难，难于上青天，侧身西望长咨嗟！"

（三句略有不同，但都比较高亢、响亮、雄浑）

生：（第二个学生读）

"噫吁嚱，危乎高哉！蜀道之难，难于上青天！（豪迈、雄浑）

"蜀道之难，难于上青天，使人听此凋朱颜！（低沉）

"蜀道之难，难于上青天，侧身西望长咨嗟！"（充满感叹）

（学生自发掌声）

师：第一个同学读得比较响亮，豪放，第二个同学的情感把握更细腻一些，把三句的变化读出来了。这三句的读法很有讲究。第一句要读得豪迈、雄浑，第二句要读得低沉，第三句要读出感叹。大家也不妨读一读。

（学生自由读）

师：大家想一想，这三句在文章中有什么作用呢？

生：把文章串起来。

师：这是结构上的作用。结构上，除了把文章串起来，还能把文章的层次向前推进。

生：内容上，能够把情感的变化表现出来。

师：这个情感的变化，很重要，就是文章的脉络。理解这三个句子的作用，要从内容、形式和情感等不同角度考虑。

3. 解读辅助句

师：有人说，读《蜀道难》，理解了这几个句子，就足够了，这是很有道理的。可是除了这三句，诗歌还有很多内容。其他内容又写了什么呢？与这三句有什么关系呢？

带着这个问题，我们合作朗诵一下诗歌。我读反复的这三句，你们读其他部分。

（师生合作朗诵）

师：想一想，其他内容写了什么？与这三句有什么关系呢？好的，我们分组完成。一、二小组研读"噫吁嚱，危乎高哉！蜀道之难，难于上青天"和"蜀道之难，难于上青天，使人听此凋朱颜"之间的内容；三、四小组研读"蜀道之难，难于上青天，使人听此凋朱颜"和"蜀道之难，难于上青天，侧身西望长咨嗟！"之间的内容。

可以就近讨论，也可以自由组合为小组讨论。

（学生阅读，讨论）

师：我们来交流一下。先请一、二小组的同学交流。

生：写了蜀道的形成。

师：（板书）也就是蜀道的由来。为什么要写蜀道的由来？

生：地形险要。

生：写人行走在蜀道上。

师：压缩一下，就是蜀道旅途，写行走在蜀道上的感受。这有什么意图？

生：可以表现蜀道之难。

师：这是衬托和烘托。写"黄鹤之飞尚不得过""猿猱欲度愁攀援"，衬托蜀道之高，写鸟的悲号，写子规啼叫，是烘托。

生：还有一个神话传说。

师：（板书"神话"）为什么要写这个神话？

生：可以写出险峻、神奇。

师：对。"上有……下有……"写蜀道太高了。——再请三、四组的同学交流。

生：写山峰，写树，写水，写悬崖。

师：写这些有什么作用？也是用了什么方法？

生：也是烘托、衬托。

师：主要是烘托还是衬托？

生：烘托。

师：还写什么？

（学生迟疑）

师：（读）"剑阁峥嵘而崔嵬，一夫当关，万夫莫开。所守或匪亲，化为狼与豺……"

生：写人。

师：写什么人？

生：写守蜀道的人。

师：（板书）对，写守蜀道的人。现在想一想，写这些内容与三次反复的句子是什么关系呢？

（学生思考）

179

师：诗和文章一样，常常有关键句。如果有，这首诗的关键句很显然是——

生（齐）："蜀道之难，难于上青天。"

师：对。诗不仅有关键句，关键句中还常常有关键词、关键字，人们称之为——诗眼。如果这首诗有诗眼，诗眼是哪个字？

生（齐）："难"。

师：那么，蜀道"难"在哪里？

生：难在蜀道之路的艰险，还难在守道之人的凶残。

师：还有呢？不妨按照诗歌的思路说。

生：开道就难。

生：行走难。

生：山很高。

生：很险。

师：比较全了。我们先小结一下刚才的问题，写其他内容与"蜀道之难，难于上青天"这个关键句有什么关系？

生：其他句子都是围绕这个句子展开，都是写难，从不同角度写蜀道难。

师：对，这就具体写出了"蜀道之难"。现在我们就把诗歌的思路理清楚了。现在我们归纳一下，是从哪几个方面写"难"的？用哪些方法写"难"？

生：一个是本身的、内在的、直接的，一个是外在的原因，导致了蜀道之难。

生：第一是写蜀道的高和险，第二是写蜀道上行道之人的艰难，第三是通过想象，写蜀道之难的外在原因。

师：说"外在的"不太准确。

生：还有渲染气氛，写出蜀道之难。

师：作者从蜀道的由来、行走蜀道的感受、蜀道地势之高、地形之险、守道之人等多方面写蜀道之难，这中间有正面直接地写它的"难"，也有的是从侧面写它的"难"；综合运用了想象、衬托、烘托等多种方法。

4. 解读主旨

师：大家想一想，李白为什么要把蜀道写得那么难？或者说李白写蜀道之难有什么用意？

生：我觉得是李白通过蜀道之难，说明人生之路的艰难。

生：我觉得是李白政治上的艰难。

师：（老师板书"人生之路""政治多险"）同学们说得都很有道理。

关于李白《蜀道难》主旨的理解有多种说法，主要有这样几种（补充板书）：

第一是人生的感喟；

第二是政治上的艰险；

第三是送友人入蜀；

第四是关心故人（杜甫）；

第五是劝唐明皇不要入蜀；

第六是讽刺军阀。

那么，同学们能否从文本中分别找到这些理解的根据？

生：最后一句是表达政治上的艰险。"蜀道之难，难于上青天，侧身西望长咨嗟！"

生：送友人的依据是："问君西游何时还？"

生：挂念老杜是"锦城虽云乐，不如早还家"。

生：劝唐明皇不要去蜀。"其险也如此，嗟尔远道之人胡为乎来哉！"

师：这里的"险"，除了蜀道自身的高险之外，还有"所守或匪亲，化为狼与豺"之险。——当然，这样的对应是比较简单的方法。只能说明不同见解各有道理。你们觉得哪一种更好？

生：我觉得人生感慨，可能更好一些。

生：我觉得仕途感慨好。

师：关于本诗的主旨，的确是见仁见智。我个人比较倾向于第一、第三种。辛弃疾的很多词，既是送友人，又在感慨人生。其他的各种观点，当然各有道理。也有人通过考证证明其中一些观点经不起推敲。比如关心故人杜甫的说法，有人考证当时杜甫已经不在四川了；比如劝唐明皇不要入川，有人考证当时安史之乱早就平息了。当然解读诗歌未必就要用考证的方法。

5. 感受句式特点

师：有人说，诗歌是语言的艺术；也有人说，诗歌是排列的艺术。不过，排列对诗歌的确很重要；不同的排列，效果不一样。比如这首诗，有人把"噫吁嚱"独立排行。也有人把，"噫吁嚱，危乎高哉"排在一行。除了句子的排行之外，有时候断句也影响排行。比如"又闻子规啼夜月，愁空山"，有的版本就断为五五句"又闻子规啼，夜月愁空山"。你们觉得哪一种更好？

生：书上的好。

师：对，我也以为课本上的七三断比五五断要好。这样有一种参差的美，还能把空山的空旷，人的孤独和惆怅表达出来。现在，我们尝试一下,如果让你来排行,你如何排?然后,按照你自己的排法诵读。

(学生思考排行,并自由诵读)

师:好,现在请同学自由读全诗,我在黑板上画出图谱。画出的图谱,表达我对排行的理解。

(学生按照自己的排法,诵读全文;老师在黑板上画出图谱)

师:我为什么要强调这种图谱和这样的分行?

生:形式上给人高峻的感觉。

师:(教师描画出排行的边缘线,成山势险峻的蜀道状)的确是这样,这样的排行在形式上给人强烈的震撼感。李白这首诗,是什么体裁?是不是近体?是律诗还是绝句?

生:是乐府诗。

师:对,乐府。乐府的句式,长短比较自由。句式的长短,也是表达情感的重要手段。李白的乐府,句式更是多变。不拘形式,不守规矩,需要则长,需要则短,三个字、五个字、七个字,随手写来。这样的句式和形式有什么效果?

生:形象而有力地表现蜀道之难。

生:还有感情上的起伏和变化。

师:很好,通过诗句的长短,表现出感情上的起伏和变化。他奔放的情感和飘逸的诗风,他如神仙一样的奇特想象和联想,都与这样的语言形式形成内在的统一。

生:我觉得这还是李白作为诗仙的一种语言的艺术。

师:非常好,我们欣赏这首诗,就可以从这三个方面去把握:形象、感情、语言。今天的课就上到这里,课后同学们还要多读,多品味。

听者思语

（一）

我觉得黄老师执教的《蜀道难》是其所提倡的"树式共生课堂结构"的很好体现。

什么是"树式共生课堂结构"呢？黄老师概括为：一个点，一条线，多层次，求共生。黄老师打了一个精确的比方：就是精选一粒种子，长成一根主干，伸开几根分支，长出一片绿叶。

一是精心选点—读。

在《蜀道难》这首诗的教学中，黄老师精心选择的这粒种子就是"读"。课前让学生预习诵读，争取背诵，这为课堂教学打下了坚实的基础；课上从学生的预习检查开始，让学生背诵，从学生的背诵中发现字音和句读上的问题，比如"鱼凫"的"凫"、"其险也若此"中的停顿；然后从诗歌开头的三个字和课文中反复出现的关键句"蜀道之难，难于上青天"，通过以它们的诵读为抓手解决了诗的结构、思路和主旨问题；最后在学生的诵读声中，老师在黑板上画出《蜀道难》的图谱让学生体会到了乐府诗的节奏特点。诵读一个点贯穿始终，流畅自然，毫无生涩拼凑之感，能有力地展开教学空间，很好地聚合相关内容。

二是分层连线—多层次的教学活动。

围绕"读"这个点，黄老师精心安排了多层次的教学活动。

课堂一开始是学生的齐读背诵，然后是三位学生的比较朗读，通过在朗读过程中轻重缓急的不同处理，让学生自己总结出朗读节奏、层次和重音的把握，再配合老师的抑扬顿挫的范读，不仅是学生，连听课的老师也听得悠然神往，恨不得自己也起来亲自尝试一下。

在充分诵读，感知文本的基础上，黄老师把学生分为两个小组，让两组分别讨论课文两部分分别写了什么。在分组讨论前，黄老师又安排了师生配合朗诵，老师读其中主旋律部分。这一朗读形成了本课中的第二个高潮（第一个高潮是五个学生的比较朗诵）。然后通过师生对话解决本文的结构思路、主要手法等问题。接下来的一个活动安排让我们耳目一新。对于李白为什么要把蜀道写得如此之难，黄老师是这样处理的：在黑板上列出六种理解，让学生从课文中找到这些理解的依据，教会学生"凡有所心得，必有所依据"。然后和学生交流，询问学生倾向于哪几种理解，告知学生自己的理解。这种教学处理中包含了太多的教学经验和教学机智，学生从这个活动中体验的绝不仅仅是知识，也许学生在这堂课结束后对于这个问题没有一个固定标准的答案，但是这样的课堂才真正提高了学生的语文素养。

最后，黄老师用课堂上的另一个高潮解决了诗歌教学中的难题：如何让学生真正体味到诗歌是语言节奏和内在情感的统一，让学生对"诗歌是语言的艺术"有更为直观深刻的体验。黄老师让学生比较另外的版本和教材中不一样的排列，通过学生朗诵，又在黑板上根据诗歌字数的多少画出图谱，结果形成的曲线既是诗人情感的变化曲线，又是山势险峻的蜀道图，诗歌语言节奏和内在情感的联系一目了然。

三是追求共生—延续向终生的教学效果。

黄老师的教学始终从学生的实际需要出发，这种需要，不仅仅是高考的需要，更是学生阅读诗歌的需要，语文素养提高的需要。学生从这堂课中学到的不仅仅是诗歌的朗诵艺术、诗歌结构安排的技巧、诗歌艺术手法的使用、诗歌语言的丰富性、诗歌情感的跌宕多姿、李白"谪仙人"的典故，等等。从学生的兴致盎然，可以感觉到他们对李白、对诗歌的兴趣一点点在加深，诗歌内容的多元解读隐藏在具体欣赏过程中的鉴赏知识和思维方法，对学生今后的自主阅读和应试都有很大的帮助。

（江苏省苏州中学园区校　张　红）

（二）

诗歌教学一个很重要的也是最本色的方法就是诵读。至于读什么，如何读，是一个很值得研究也很有意味的课题。黄厚江老师执教李白《蜀道难》一课，为我们诗歌诵读教学提供了诸多启示。

从教师角度来看，有范读和领读两种。范读是老师的诵读示范，领读是老师带领学生诵读课文。老师的范读和领读，对培养学生的文言语感具有重要的作用。然而，我们有些老师就是不喜欢范读或领读，而是不遗余力地让学生听播音员的诵读。当然，播音员的诵读在字正腔圆上大多要胜于语文老师，但是老师和学生的亲和力是谁也无法替代的，学生更爱听的是老师的范读或领读，因为这才是其乐融融的本色语文课堂。

在这堂课上，黄老师的领读贯穿于整个教学流程中。

上课伊始，黄老师就让学生背读——为自己的领读作铺垫。果不其然，在学生背读之后，黄老师在赞扬了学生的背读水平后，就指出学生读的不足——有字音方面的不足，也有停顿（情感）方面的不足，比如"'蚕丛及鱼凫'中'凫'怎么读啊？""'砯崖转石万壑雷'中'砯'怎么读？""不要读了，已经错了。'也'字靠前，还是靠后？"这种指导"读"的意识很强，也很到位，是当前语文课堂不多见的，难能可贵。

对于诗的主旨句，黄老师更是不厌其烦，在让不同的学生读、比较之后，又与学生合作朗读："我读反复的这三句，你们读其他部分。"在师生合作诵读之后,黄老师进行了及时总结与点拨:"第一个同学读得比较豪放,第二个同学的情感把握更细腻一些,把三句的变化读出来了。这三句的读法很有讲究。第一句要读得豪迈,第二句要读得低沉,第三句要读出感叹。大家也不妨读一读。"

对这种阅读方式,学生养成习惯后将受益无穷。"授之以鱼不如授之以渔",本色语文的真义就是如此:以语言为核心,以语文活动为主线,以提高学生的语文素养为目的。

在这堂课的尾声,黄老师一边让学生诵读课文,一边自己画课文的图谱,以强化学生的阅读体验。

从学生的角度来看,有学生自读、齐读、默读、背读、赛读等几种方式。其实,学生诵读也是一种对文本的理解过程,带有较强烈的个性色彩。每个学生对诗歌的理解不一样,朗读时的语气语调、抑扬顿挫、轻重缓急自然就不一样。在这堂课上,黄老师充分尊重学生,让学生体验不同的阅读感受。比如先让五个学生读"噫吁嚱",接着又让五个学生读"噫吁嚱,危乎高哉",最后黄老师自己根据重音和停顿摆出"噫吁嚱,危乎高哉"的若干读法,从而在学生的赛读中完成了诵读方法的指导。

诵读之后,诗歌的主旨、表现手法、诗的语言、诗歌的形象等问题统统得到了有效解决,正如一个学生在此堂课结束时所讲的一句话:(那些长短句式)还是李白作为诗仙的一种语言的艺术。学生已经悟出了诗歌是一种语言的艺术。

总而言之,这课堂的氛围是民主的、和谐的,也是自然的;师生关系是平等的、亲切的,也是融洽的。师生共同成长,这是语文的成长。他们在用语文的方式学语文。

(江苏省张家港外国语学校　陈玉驹)

（三）

《蜀道难》的"读"，就很有匠心。

第一次是全班背读。条件很宽松，背上了就背读，背不上的就看课本。这是老师对预习的检查，掌握第一手学情，为下面的课堂教学服务。比如下文字音的检查、断句的理解等等。

第二次找了一组同学，对"噫吁嚱"三个字诵读。

之所以用了五个同学，就是要找出他们读的多种差异。之所以找出多种差异，就在于直观告诉学生古诗诵读的多样性，根据重音、停顿和字音延长，这三个字有无数种读法。那么，究竟哪一种读法更好呢？老师指导，关键是要读出自己的理解。如何理解李白开篇的"噫吁嚱"呢？那么，就要体悟异峰突起的突兀感、劈空而来的惊悚感、叹为观止的讶异感。这就是诗仙的诗歌风范，一落笔就是高潮，一出手就是经典。

第三次是两个人赛读"蜀道之难，难于上青天"。通过赛读的评判，第一句要读得豪迈，第二句要读得低沉，第三句要读出感叹。实质上落实了这三个关键句在诗中的作用。结构上的作用，是把诗句串起来，把诗的层次向前推进；内容上的作用，是要突出情感变化，显示诗的脉络。

第四次是师生合作诵读。老师读反复的这三句，学生读其他部分。这个环节妙不可言。

一是昭示诗的脉络之清晰，一是体悟"其他部分"与老师读的这三句之关联，引出下文对蜀道险峻、游人历险、守道之人凶残的条分缕析。所有这一切都指向那三句"蜀道难，难于上青天"。因此诗眼在于一个"难"字。那么，作者写"难"有意思吗？究竟他有哪些难言之隐、难言之意？正好交给学生去探究，这是课堂的核心部分，也是最出彩的部分。

第五次仍然是师生合作。学生按照自己的诗句排列，自由诵读，体悟韵律起伏之美,老师据此画出高低不平的图谱。当教师描画出排行的边缘线,山势险峻的蜀道,跌宕起伏的情感,豁然于眼前。

此环节的作用在于对李白仙人诗歌艺术的探究。乐府诗不拘形式,不守规矩,长短不一,通过诗句的长短,既可以表现蜀道的奇险,又可以表现出感情上的起伏和变化。李白奔放的情感和飘逸的诗风,李白如神仙一样的奇特的想象和联想,都和这样的语言形式形成内在的统一。

（江苏省苏州张家港外国语学校　王开东）

（四）

当横排五个男生此起彼伏、富有个性的朗读声音响起,我在心底浅笑,因为它唤醒了我儿时在暮色中高声背诵《蜀道难》的图画,欣悦不已。

在诗歌教学中,怎样的朗读才是有效的?这个问题黄老师用睿智的三个字来解答,那就是"噫吁嚱"。因为他用思考告诉我们,朗读的训练不是仅仅一句话的任务——"请大家读一下诗歌的第一句话"便可足够,而是要通过朗读唤醒学生的思考与感受,借此来真正走进文本内容。黄老师用自己的眼光,大胆剔除了所有,只剩下三个字的感叹——"噫吁嚱"!但是,在学生的朗读中,我注意到一个有趣的现象,黄老师对于学生朗读时的技巧、语感并不过多强调,反而是借助学生参差跳荡的朗读,完成一种多元的审美体验。我看到的是:朗读者自己的羞涩一笑、学生间的会心一笑、黄老师屏气凝神的微笑,这无一不证明,"读"一定伴随着另一种行动,那就是"听"!如果没有朗读者和学生、老师的内心聆听,那么,我们对文本的理解就无从谈起,因为朗读的最终检验亦存在于听者的"听"。在化为内心聆听的过程中，我们对"蜀道之难，难于上青天"就有了自己的思考与判定，对众多未参与朗读的同学产生了非常好的思维催化与情感教育作用。可见，仅仅这一个质朴的细节，印证了有效朗读训练的真正目的：它通过学生或老师个性化的"噫吁嚱"处理，促进了对于诗歌文本的初步走进与理解。

创意与年纪无关，越老越醉人。我这几次听黄老师的课，最近发现他开始不本色了，他画画了，画了两次。每一次他都能将创意化作浓浓的语文味。也许，黄老师想要追求的境界是在教学内容之外并存的形式美感。但是，连《蜀道难》都能画出这样美的悬崖，连缀成动人的篇章，不得不感佩。李白字字唱得大气奔放，黄老师句句画得激越昂扬。他用层层递进的讲述和高低起伏的环节串起了诗句，其实是在内容之外，结合诗歌文本展现了其独特的文体特点——形式美。

（江苏省苏州市立达中学　曾文彦）

教者思语

教这首诗，我一直在纠结：教李白还是教诗歌？是教这首诗还是教学诗歌的一般赏析？这三者是分不开的，但又是不同的。自己觉得，对具体诗句的解读，对作者的诗风和其人的解读，都不够飘逸。一句话，有点对不住李白！

作文教学

《写出人物的个性》教学实录
——"我"是最好的教学资源

1. 姓名组词

师：同学们，我们开始上课。我想问一问，有没有同学认识我？——不认识，一个都不认识我吗？那我介绍一下，我叫黄厚江。草头黄，忠厚的厚，长江的江。现在请大家用黄厚江三个字分别组词，看看你们能组多少词，我想了解一下同学们掌握的词汇是不是丰富。

生：黄河。

师：黄河，挺好的。

生：黄酒。

生：硫黄。

师：硫磺是这个黄吗？

生：黄色。

生：黄土。

师：其实，某种意义上说，我们大家都姓黄。知道为什么吗？能想到那个词吗？

生：炎黄子孙。

师：对，我们都是炎黄子孙。下面用厚组词。

生：厚积薄发。

师：出口不凡呐。大家读书要厚积薄发。

生：深厚。

生：厚道。

生：厚重。

师：厚重。大家肚子里的词语很丰富。再用江组词。

生：长江。

师：长江，挺好。

生：丽江。

师：丽江，还有吗？

生：大江。

师：长江、丽江、大江，是不是还有松花江？能不能换一个思路？

生：滨江临海。

师：滨江临海。嗯，有点学问。对，滨江临海什么意思啊？

生：就是濒临大海和长江的意思。

师：很多诗句里有江，能说几句吗？

生："孤舟蓑笠翁，独钓寒江雪。"

生："大江东去，浪淘尽，千古风流人物。"

生："曲终人不见，江上数峰青。"

师：非常好。刚才是用黄老师名字的三个字组词。

2. 概括性格特点

师：下面要求高一点，你们能看出我这个人有什么特点？

生：慈祥。

师：慈祥，好啊。——这位女同学你讲讲。

生：忠厚、善良。

师：忠厚、善良，我就写忠厚，因为我觉得善良应该是人的共同特点。

生：聪明。

师：你能看出我聪明，说明你也很聪明了。

生：和蔼。

师：和蔼。还有不同的举举手。

生：谦虚、朴实。

生：开朗。

师：开朗，性格比较开朗。

生：有孩子的特点。

师：有童心。很多同学说我有这个特点。

生：幽默风趣。

3. 片段写特点

师：我觉得我们班的同学记叙文一定写得好。因为你们词语丰富，观察敏锐，几分钟就能捕捉到人的特点，非常不容易。但要写出一个人的特点，还要有具体材料。现在请大家拿一张纸，拿一支笔，写一段话表现我的一个特点。只给5分钟，看看谁写得最多最好。提醒大家注意：想一想，写一个人的特点，一般可以从哪些方面入手。

好的，我们现在开始交流。哪位愿意展示自己的习作？

生：黄老师是一个很有童心的人。说话时带有一点小幽默，语言风趣，非常容易交流，与孩子们打成一片，而且他的脸上时常带着一丝浅浅的微笑，就觉得非常友好可亲，忍不住就会与他交朋友。

师： 请问各位，你觉得他写得怎么样。

生： 很好。

师： 写出了什么特点？

生： 童心。

师： 对。哪一句最好？

生： 他的脸上时常带着一丝浅浅的微笑。

师： 对，两位同学，一位写得好，一位评点得也很好。紧紧围绕着童心，都是具体的描写，很好。当然，还可以更充实一点。这位同学你自己读，好吧。

生： 他是一位幽默风趣的老师。眉宇间透着慈祥与和蔼，在与学生交谈时，举手投足间闪现着一股孩子气，岁月的沧桑使皱纹不经意间爬上了他的眼角，但掩盖不了他一颗炙热的童心，他就是我们敬爱的黄老师。

师： 好，这位同学很有文采，也写得很好，但有不足。有没有同学对他提出修改的建议？没有？我再读一遍，我们一起讨论。

"他是一位幽默风趣的老师。眉宇间透着慈祥与和蔼，在与学生交谈时，举手投足间闪现着一股孩子气，岁月的沧桑使皱纹不经意间爬上了他的眼角，但掩盖不了他的一颗炙热的童心。"——后一句话我自己就不读了。

我们首先看主要写我什么特点？

生： 有童心。

师： 也是有童心？后面有哪些具体内容可以表现童心呢？

生： "眉宇间透着慈祥与和蔼，在与学生交谈时，举手投足间闪现着一股孩子气。"

师：的确如此。这句话，尤其是后面一句"在与学生交谈时，举手投足间闪现着一股孩子气"很能表现童心的特点，但"眉宇间透着慈祥与和蔼"和童心关系不紧密。还有哪些句子和童心的特点关系不紧密？

生："他是一位幽默风趣的老师。"

生："岁月的沧桑使皱纹不经意间爬上了他的眼角。"

师：这些句子，或者联系不紧，或者特点表现得不具体。大家能不能帮助他修改一下？

生：眉宇间透着慈祥与和蔼，又闪烁着孩子的顽皮。

师：非常好。

生：被很多皱纹包围的眼睛中，有着孩子的光彩和单纯。

师：改得真好。有没有同学集中写幽默的特点呢？有没有？好的，这位同学。

生：黄老师眼睛虽小，但是炯炯有神，总是笑眯眯的，给人以慈祥的样子，言语中也不乏幽默，反映出了他的博学与睿智，他像爷爷般给人以亲切感。

师：好的。他写得怎么样？

生：我觉得他的语言不错，也写了很多的特点，但是不能突出地表现幽默。

师：评价得非常好。这位同学用了很多褒义词，但是大家要注意他有两个问题。"黄老师眼睛虽小，但是炯炯有神"，这表明了什么？"他总是笑眯眯的，给人以慈祥的样子，言语中也不乏幽默，反映出了他的博学与睿智，他像爷爷般给人以亲切感。"这几句话又是写什么特点？

大家一定要记住，特点写多了等于没有特点。写人的文章一定要突出特点。有没有同学写其他特点的？比如写聪明的，有没有？你写什么特点？

生：我没有写聪明。

师：那你写的什么？

生：我写慈祥。

师：好的，念出来给大家听听。

生：黄老师慈祥地望着我们，脸上的皱纹像一朵绽开了的野花，他用亲切而柔和的嗓音鼓励着同学发言，声音虽然沙沙的，但却像爷爷粗糙的大手抚摸你的心田，让人一下子放松下来，有一个同学回答不出问题，他便微笑着安慰他，眼睛像闪亮的星星和蔼地闪烁着。

师：她写得怎么样？

生：写得很好。

师：写得最好的是哪句？

生：她把老师的声音比作爷爷的大手抚摸着心田。

师：对，这句的确写得非常好。

生：突出黄老师慈祥的声音。

师：很好，她主要通过声音、肖像，抓住眼睛的细节，写慈祥。有没有写我聪明的？

生：没有。

师：现在规定就写聪明的特点。怎么写？

生：我觉得您的手挺秀气的，像是读书人的手。

师：秀气的手，可以看出是读书人。但秀气的手能不能表现人的聪明？很勉强。

生：深邃的目光让我们很容易联想到鲁迅先生。

师：请坐请坐，你夸奖我，我很感谢。但是有一个问题，鲁迅先生是聪明的代表吗？鲁迅当然是聪明人，但是鲁迅在我们大家心目中并不是聪明的代表，还不如说看到黄老师就想到陈景润。但也不好，不具体。请写出具体表现黄老师聪明的地方。

生：有个词语叫聪明绝顶。

师：有道理。但仍然比较概括，没有具体的描写。应该在对头发进行具体描写中让人看到聪明。

生：通过黄老师的言谈和眼神透露出聪明。

师：言谈和举止，什么样的言谈透露聪明？

生：就是机智的话语。

师：机智的话语，非常好。机智，我也认可。能不能再具体一点？像——

生：简单的词语从您嘴里蹦出来，像有生命一样在跳动。

师：有意思。"像有生命一样在跳动"是聪明的表现吗？

生：让人爱听，耐人寻味。

生：使人很受启发。

师：语言中写出聪明，不容易。其实最容易的还是写肖像。大家看我的肖像，哪些地方可以看出聪明？

生：光脑袋。

师：有点道理。有人说，聪明的脑袋不长毛。当然也有人说，光脑袋是因为不够肥沃。

生：额头特别突出。

师：大家观察得不错。概括一下，写一个人的特点，比较容易的办法是从哪些方面入手？

生：肖像。

生：语言。

4. 事件写人物

师：但是单单写肖像、写语言，人物难以丰满。如果要把一个人的特点写得很丰满、比较深入，除了写肖像、写语言外，还要怎么办？

生：通过具体的事件。

师：对，写具体的事件。上课到现在，大家了解了我的哪些事件？又可以写出什么特点？

生：自我介绍很有特点。

师：什么特点。

生：让我们组词。

师：表现什么特点？

生：知识很渊博。

师：那几个词就能说渊博？再说还是你们组的词语啊？

生：很机智，上课有特点。

师：这还有点道理。还有吗？

生：与同学交流不一样。

师：表现在哪里？

生：从不批评。

师：不批评就好吗？我是都说你们好吗？

生：不是，但是很委婉，很含蓄。

师：是说我说话不明白吗？

生：不是，是尊重学生，循循善诱，善于启发。

师：你真会夸人。还有其他事件吗？

生：（沉默）

师：我们刚刚认识，你了解我的事件的确不多。大家想一想，如果写一个人，对他的事件了解不多。怎么办呢？

生：询问。

师：非常有道理。如果对所写的人了解的事件材料不多，可以询问，可以调查了解。可以问本人，也可以问别人。大家想不想听我说说我的故事？

生：想。

师：我知道你们想。那么黄老师说几个自己的故事，你们认真听，看看哪些事件对你写人的特点有用，或者哪个事件能表现哪个特点，明白我的意思吗？

生：明白。

师：如果要说优点，一是我觉得自己做事情比较专心。只要读书写作，有人叫我我都听不到。几十年来心都用在语文教学上，备课，上课，编教材，写论文，每天都要熬夜，30年几乎没有在夜里12时之前休息。从不打牌，从不玩游戏。不管多累，一进课堂就兴奋、就陶醉。

二是和同学们的关系特别好。成绩好的我喜欢，成绩不好的我也喜欢，甚至特别调皮、行为不够规范的学生也喜欢。有一届的几个学生特别调皮，夏天上课，把衣服敞开，露出发达的胸肌，吓得女老师不敢上课。但他们的"老大"规定，老黄上课不许闹。每一届的同学都要给我起别名，有的叫我"老黄"，有的叫"黄老"，有的叫我"逗逗"，有的叫我"江江"，有的叫我"老顽童"，最近一届的同学叫我"豆浆"。

要说我的缺点，最主要的就是特别粗心。中午吃饭，女儿说菜凉了，爸爸用微波炉热一热。可是后来到微波炉中找不到菜了。哪里去了？菜被我放到冰箱里去了。晚上回家，钥匙常常打不开家里的门。门一开，邻居家的女主人出来了。我家住在四楼，开的是五楼的门。到此为止，你们有没有发现可用的材料？这位同学说一说。

生：您热爱语文，可以看出您聪明。

师：热爱语文就是聪明？有点勉强，其他同学有没有发现？

生：同学们给您起的外号，都可以表现出他们喜欢您，说明您喜欢孩子，课上得好。

师：有点道理。能表现刚才大家归纳的我的哪个特点？

生：有童心。

师：有道理。其他材料能表现什么特点呢？

生：我觉得最调皮的学生您上课也不闹，说明您聪明。

师：这怎么理解？

生：他们那么调皮，根本不想学习，可是您能让他们听语文课，说明您很有办法。

师：我一开始觉得勉强，您这么一说，还真有点道理。

生：还有，您能够让这样的学生都敬佩您，听您的，说明您教育学生一定有自己的办法，这也表现您的睿智和聪明。

师：你真不简单，说得头头是道，看到了我自己都没有看到的东西。大家还要注意，同一个材料也可以写出不同的特点来。比如说写肖像，写细节，可以写我的眼睛。能不能由我的眼睛写出不同的特点来？大家试试。

生：能。

师：能写哪些特点？

生：慈祥。

师：除了写慈祥，还能写什么？

生：童心。

师：大家能不能尝试一下。有没有同学想到？

生：黄老师小小的眼睛是那么和蔼，目光让人觉得那么温暖，就像我爷爷的目光。

师：我其实没有你描写的那么老，但你写得真好。这是写慈祥，有没有人能写一句表现童心特点的？

生：黄老师的眼睛非常小，但特别灵活，眼珠转来转去，就像是孩子的目光那么单纯。

5. 多种角度写人物

师：有点意思，但也有点夸张。我想问问大家，如果写一个人的特点，掌握的材料不够用了，怎么办？

生：可以想象。

师：还能想象？能想象出具体的事情？

生：比如说没有发生在这个人物身上，但是发生在别人身上的事情也可以写。

师：借用别人的事情来写人物的特点？

生：是的。

师：比如说要写我的和蔼，可以写别人什么样的事情呢？

生：写别人的严厉。

师：我明白你的意思了。这不是想象，这是衬托。要写一个老师和蔼，可以写与其他老师的严厉对比，对不对？

生：是的，可以对比。

师：很有道理，你写几句对比内容看看。

生：我们的班主任成天板着脸，大家一看见就害怕，只要听到他的脚步声，教师里就鸦雀无声。可和蔼的黄老师一进教室，大家就围在他身边，和他开心地说东说西，教室里充满笑声。

师：你胆子真大，当心你们老师在听课。当然这是文学手法不可当真。不过，写得真不错。运用衬托的手法，丰富了角度，也可以把人物写得更丰满。但侧面的表现不能太多。如果材料还不够，有没有其他办法呢？

生：有人说作文是三分真七分假。

师：三分真七分假，倒过来正好，七分真三分假吧。假的哪儿来呢？

生：可以自己想一些素材。

师：用什么办法想素材呢？可不能随便编造，当然如果合理想象也是可以的。但想象也要有基础。黄老师教你一招好吧。有一个选材方法叫假借，不知你说的是不是这个意思。明明这个事情是发生在他人身上，现在我们为了写这个人特点，可以把这个事情假借到这个人物身上来。大家读过《三国演义》吗？《三国演义》中有一个张飞痛打邮差的情节。但据专家考证，痛打邮差的事情不是张飞干的，恰恰是刘备干的。但刘备的特点是仁厚的，这个邮差不能让他打，一打刘备就不仁厚了。为了突出张飞的粗野，罗贯中就把这个事件安排在张飞的身上，很符合他的特点。刚才有同学说"作文是三分真七分假",这也是合理的"假"。当然,有时候,对所写的人物进行采访也是很好的方法。前面有位同学说到"询问",就包含了这个意思。比如你写我的"博学",你可以问"黄老师您是怎么读书的呀,读了哪些书呀";比如你写我的"和蔼",你可以问问我同学们作业不做怎么办,作业写得不认真怎么处理。这样对我的了解就更深入了,材料也更丰富了。但今天没有时间让同学们采访我了。

现在我们小结一下,今天我们上了一节什么课?

生:作文课。

师:什么作文课?

生:写人的作文课。

师:怎样才能写出一个人的特点?

生:写肖像,写语言,写行为。

生:写表现特点的具体事件。

生:还可以从侧面写。

生:还可以借用别人的事件写。

师:大家记得很全。好的,布置作业,请以《认识黄厚江》为题,写一篇记叙文,要写出人物的特点。——大家想一想,这个题目能不能写成记事的记叙文。

生:不能。

生:能。

师:黄老师也觉得是能的。如果大家愿意,可以分别写一篇。下课,谢谢同学们。

听者思语

黄老师多次提出"作文教学要作用于学生的写作过程"的观点，强调教师要走进学生写的过程，要让学生在作文过程中体验写作，积累经验，在过程中提升写作素养。在"写出人物的个性"这节课中，我们再一次读到黄老师的这一作文教学思想。

这节课的五个主要环节，①②两个环节用"黄厚江"三个字分别组词以及说出"我"的特点，是教学导入，是写作的热身，更是为了让学生对写人物有初步了解，为下面的"写人"做好必要的铺垫。③④⑤三个环节是教学的重点，是训练学生围绕一个特点多角度、多层次写人，而这三个环节之间又是递进关系。环节③是初步写出人物特点；环节④是在交流中引导学生由表及里地认识人物，是教学的过渡环节；环节⑤是深入写出人物特点，在补充材料后让学生理解事件、解读材料，运用多种方法深入写出人物特点。

经历即过程，用"黄厚江"三字分别组词，可以检查学生的阅读积累和语言积累，但更重要的是让学生初步了解人物，经历体验的过程。在与学生的交流对话中，让学生对"我"有最直接的认识了解。正因为有这一过程，所以才有后面的幽默风趣、慈祥和蔼等特点的概括，也因为有了这个原始素材的积累，可以肯定，最后的"认识黄厚江"作文一定不会空洞无物。这个组词训练看似随便切入，无心插柳，实则别具匠心，与众不同，在整个教学过程中一直发挥着作用，而且学生也会因此而永远记住这一节特别的写作指导课。这样的写作体验过程对学生来说意义深远。

学生认识人物由陌生到熟悉、由外表到深入的过程，其实正是他们写作体验从朦胧到清晰、写作方法从单一到多样的过程。

在"写一段话表现'我'的一个特点"这个环节中，第二个同学描写的本是"幽默风趣"，但后面写的却是童心。这时他的写作状态甚至整个班级的状态都是不清晰的、朦胧的，因为没有人发现问题，更没有人能提出修改建议。于是教师放慢脚步，"我再读一遍，我们一起讨论"。经教师点拨，学生发现语句之间"或联系不紧，或特点表现不具体"的不足，进而修改出"眉宇间透着慈祥与和蔼，又闪烁着孩子的顽皮""被很多皱纹包围的眼睛中，有着孩子的光彩和单纯"等精彩句子。"写人的文章一定要突出特点，特点写多了等于没有特点"。学生在此获得的写作体验越来越清晰。为什么这么说呢？因为在第三个片段展示时，学生评价就已经能一语中的："我觉得他的语言不错，也写了很多的特点，但是不能突出地表现幽默。"如此清晰的评价自然源于学生清晰的写作认识。这是教学开始时难以想象的场景，第二个片段的模糊状态还在眼前，第三个片段交流，学生就成长起来，可谓立竿见影。

伴随写作体验的丰富，写人的手法也开始多样起来。第四个同学写"慈祥"特点的时候，就不仅抓住了人物的肖像，而且能通过人物的语言来表现。黄老师强调作文教学要"坚持自由写作和指令性写作的结合与互补"，如果把前面的学生写作称为自选写作，那么接下来就是规定写作。老师规定写"聪明"，"现在规定就写'聪明'的特点，怎么写？"这也是一段很值得玩味的教学。

第一个同学说写"手"，老师说很勉强。第二个同学说写"目光"，"也不好，不具体"，第四个同学说"通过黄老师的言谈和眼神透露出聪明"。老师说，"其实最容易的还是写肖像"，引导学生观察。"写一个人的特点，比较容易的办法是从哪些方面入手？"学生感悟，"肖像""语言"，如果要再丰富呢？老师追问："如果要把一个人的特点写得很丰满、写得比较深入，除了写肖像、写语言等，还要怎么办？"随着教学的深入，学生领悟还可以"通过具体的事件"。但是"上课到现在，大家了解了我的哪些事件？又可以写出什么特点？"尊重学生，循循善诱，善于启发，自不必说，重要的是教师在引导学生反复体验的过程中，学生的写作认识和能力得到不断提升。"大家想一想，如果写一个人，对他的事件了解不多。怎么办呢？"于是"可以想象""可以对比""可以衬托"，如珠涌出。针对学生的"三分真七分假"的认识，教师穿插进"张飞痛打邮差的情节"，说明"假借"的选材方法。学生的写作手法也由单一走向多样。

黄老师坚持要对学生的写作过程形成影响，真是做到了极致。溯洄从之，不愤不启；溯游从之，不悱不发。为了给学生最真实的体验，真正不遗余力，不惜工本，用足功夫，让人佩服。

黄老师的作文教学不只是注重最终的作品，他要介入到写作的每一个过程进行有效的指导，这就使得他的训练过程呈现的是一个循环往复，向上的曲线过程，而非直线过程。如环节③，学生展示了四个作文片段，第二个片段，先讲"幽默风趣"，后面又写"孩子气"，学生读完，教师敏锐地捕捉到写作内容表达凌乱的缺陷，当发现无法达成与学生的交流时，黄老师没有放弃，自己再读一遍，努力为交流创造条件。果然，在引导学生先"言其长"再"言其短"之后，学生发现了不足，两个学生的修改非常精彩。这让我们看到什么是在写的过程中学会写。第四个片段，学生写的是"慈祥"的特点，教师本来是在寻找写"聪明"的片段，但是因为已经问过了这位同学，不能无视，所以教者还是让她读自己的作文。这位同学的作文是几篇当中表现最好的，学生评价"写得很好"，黄老师追问"最好的是哪句"。在感叹黄老师尊重学生立场的同时，也可见写作训练从未在黄老师的脑海中消失。

考察这节课，可以发现学生写人能力得到了显著提升。围绕怎样写人，这节课大致可分四步：第一步在分别组词中观察一个人，认识一个人；第二步是在互动中认识人物特点，概括人物特点；第三步是写一段话,展示写作片段,引导学生初步写出人物特点;第四步是更深入地认识一个人,从而把人写得丰满。

第一步层级最低,但最重要,十八位同学参与组词组句练习,从"黄河""黄酒"的普通到"曲终人不见,江上数峰青"的诗意,质量越来越高,完成了一个认识人的绝好铺垫。第二步是在对人物特点进行概括,培养认识人物特点的能力。第三步是在多角度的写人训练中,使学生对写人"突出特点"形成具体感受和清晰认识。第四步层级最高,是本节写人的重点,通过师生互动、生生共生,特别是学生写作体验的交流,让我们欣喜地看到学生写人意识的觉醒和写人能力的增强。环环相扣,步步深入,渐次展开,渐至佳境。

学生懂得了"没有发生在这个人物身上,但是发生在别人身上的事情也可以写",学生学会了用另一个人物的"严厉"来衬托主要人物的"和蔼"。如果说这个环节还是教师的预设,那么下面的"七分真三分假"的教学就完全是课堂的生成了。学生的"真假"之说被教师否定,但"合理想象"被保留,黄老师汲取《三国演义》中的文学创作典型,这样的写人手法相信会给学生有益的启迪,这一步的预设与生成同样精彩。

黄老师的作文教学,始终关注的是绝大多数学生的写作过程。黄老师作文课上的写的活动、围绕写的思维活动,都是群体的活动,而不是几个"学生精英"的活动。他常常把温情的目光投向那些默默无闻、缺乏写作经验的学生,引导他们学会写作,关注他们的学习成长。在这节课中,我们看到的不仅仅是优秀学生高水准的佳作,更多的则是那些普通平常的甚至是写作能力较弱的同学写作能力的步步成长。而后者更让人赏心悦目,为之赞叹,因为课堂是属于所有学生的。

(江苏省苏州市立达中学　蒋祖霞)

教者思语

师生之间的陌生，使教学内容的生成显得不够丰满和灵动；对写人方法的关注，还是显得过多，对写出特点的过程关注还可以更加突出。

《记叙文故事情节的展开》教学实录
——带着学生一起写故事

1. 引入写作情景

师：我刚才听了一节课，发现同学们身心发展非常健康，在生活中发现了很多故事。这是写好文章的基础。但是，你能从生活中发现一个具有开发价值的故事，并不等于就能写一篇好文章。我们一般从生活中看到的原始素材和故事，它往往都比较单薄，还不是一个丰富的故事，所以对于我们想写好记叙文的同学来讲，有一个很重要的基本素养，就是要善于展开事件（板书：事件展开）。比如刚刚有个同学看到小猪，这个同学看到一对情侣，如何把你看到的这个镜头转化成一个故事呢？从看到可写的故事到写有分量的文章，中间有一个比较长的过程，有很多要求。我今天和大家来尝试事件怎么展开。

事件展开有很多种方式，今天我们主要学习其中一种。

先给同学们读一篇文章，这是我们班一位同学写的。我先读前面的一部分，大家听的时候就要在脑子里想一件事。想什么事啊？

生：想后续事件的发展。

师：非常好。作文的题目叫《满分》（板书：满分）。

"中考前的日子，是紧张而忙碌的，不经意间一模即将来临，他，一位成绩优秀的初中生，正在努力为一模做准备。一遍又一遍地翻着书本，以至于几乎能把书本内容背诵下来，就这样他信心十足地参加了一模考试，果然考场上是一帆风顺，几乎没有遇到什么难题。过了几天，物理老师来报成绩了，'这次考试我们班有一个满分，在此给予表扬。'他两眼发光，激动地盯着老师。'王小川'，接着是热烈的掌声响起。随着掌声，他的眼神却暗淡了下来。他知道这掌声不是送给他的，拿到卷子的时候，明晃晃的99分很是刺眼，就差一分啊，就一分啊，满分就与他失之交臂。他的心中是无比遗憾，翻了一下试卷，他却无比地疑惑，'这道题目我明明是正确的，为什么扣我一分呢？''题目明确规定算到小数点的后两位，你为什么算到第三位呢？'老师呵斥。'可是我算到第三位，数值上没有错啊。'他的争辩显得如此的苍白无力。'那可不行，一切要按照题目上的要求，你先下去吧，下一次好好努力。'"

这个故事就先读到这个地方。大家都听明白了吧？现在我们面前已

经有这样一个故事了，或者说，有了这么一个事件。但它能不能算一篇理想的文章呢？或者说，能不能算一篇文章呢？

生：不能。

师：不能，最明显是字数不够。高考要求我们作文多少字啊？

生：800字。

师：这还差得远了。更重要的，不仅仅是字数的问题，更重要的是什么问题？

生：没有情节的展开。

师：对，但还有更重要的。这个同学讲还没有情节的展开，那么情节展开的目的是什么呢？文章有一个重要的标志，是什么？

生：要有思想。

师：非常好，要有灵魂。一个人可以长得高一点、矮一点，但是要有灵魂。故事的展开就是要表达思想，思想就是文章的灵魂。如果让你们接着写，你们觉得故事怎么发展？大家想一想，两三个同学议论议论也可以，哪个同学想到了就先交流。

（全班同学自由讨论）

2. 第一次情节展开

师：有没有同学有比较成熟的想法？这一组先来吧，派个代表说一说。你觉得这个故事下面会怎么发展？

生：可能是对他的激励，老师鼓励他。

师：（板书：老师鼓励）老师鼓励后怎么样？

生：继续努力。

师：你们觉得怎么样？

生：比较俗。

师：不要紧，大俗就是大雅。（学生大笑）

生：被老师批评后，心理很不平衡，奋发向上，中考考了个很好的成绩。

师：就是被老师这么一刺激，下面就到了中考了，中考就考好了。为什么这就叫俗呢？

生：这样的情节从初中就开始写了。

师：好，如果你想到更好的方案可以再说。其他同学呢？

生：他对这个事情还是耿耿于怀，上课的时候，跟老师交流的时候，再次讨论这个问题时，老师对他已经有了固定的印象，感觉他像一个刺头一样，他们之间的交流也不好了，那个学生在学习物理上也遇到了障碍。

师：我帮你把情节概括一下，就是跟老师的关系交恶了，形象也不好了。这边的同学呢？有什么不同想法？

生：也许是这次考试后心里有了阴影，在下一次考试时他就特别注意，却取得了相反的效果，没有考好，经过这个事件，他就再去找老师交流，老师给他建议，考试终于考好了。

师：我们帮他概括一下，由有阴影到考不好，最后再考好。这位同学呢？

生：故事中还有一个拿满分的同学，他找到那位同学的试卷，发现他也保留了三位小数，然后找老师理论，老师说一模是电脑阅卷，不能改分数，那位同学就是永远的100分，他就是永远的99分。

师：用"永远"两个字啦？

生：因为改不掉分数。

师：那也不能用"永远"，后面还有考试的呀。

生：或者是中考的时候他拿了100分，他的同班同学拿了99分。

师：好的，有点意思。找小川的卷子，那道题小川也保留了三位小数，分数不能改，维持原判。

生：还有一个故事就是他自己加了1分。

师：他这1分加到哪里去呢？是老师的记分册上还是他自己的卷子上呢？

生：加到他自己的卷子上，他觉得自己没错。

师：在试卷上添上1分变成100分。你老师不给我，我认为我是100分。非常好啊，请坐。后面的同学这次就不给你们机会了，但是后面机会有的是。刚才大家是想怎么说就怎么说，想怎么写就怎么写，这是写记叙文非常重要的品质。一开始撒开来想怎么写就怎么写，但是注意，要想写好文章不是想怎么写就怎么写，也不是想怎么想就怎么想的。有一句话说："一篇小说一旦写成功，他就不再属于作者，而属于读者。"这句话听起来有点玄乎，意思是小说一旦写成，到底怎么理解就不由作者说了算，读者想怎么理解就怎么理解。同样，一篇文章一旦开了头，它后面应当怎么写也不全由作者说了算。——听懂这话是什么意思了吗？就是当这个事件一旦形成，后面应该怎么发展，文章有它自身的逻辑。我们有些同学说："我的文章我做主。"就是他想怎么写就怎么写，然后我就对他说："你的文章你做主，你的分数我做主。"刚才都是你们做主的，但到底怎么样写更合理呢？大家先想一想，事件的发展必须达到什么样的要求？有没有同学想到？

生：我觉得要大致符合人的认知。

师：符合认知规律，就是要合理（板书：合理）。除了合理以外呢？还有什么要求？刚刚已经有位同学说了，要有意思。写记叙文首先把题目变成一个故事，然后用故事表达一个意思。这很重要，有很多同学写的后面有没有同学想到？

生：应该要出人意料。

师：应该要出人意料（板书：出人意料），但又要合理，对不对？其实这就是我们所谓的要有波折、波澜，要有变化（板书：波折、波澜、变化）。很好，摸到记叙文的门道了。要有变化，要写出跌宕的变化来。好的，其他同学想一想，有没有要求了？没有同学想到，那黄老师来补充两点。一是最好聚焦到一个点上，围绕一个点展开（板书：围绕一个点）。换一个角度从反面说，就是不能散。最最重要的是后面这个，什么叫故事呢？莫言说他是一个讲故事的人。记叙文就是讲故事，故事就有情节，什么叫情节？事件之间的发展要有因果关联。好的，现在我们这么多要求清楚明白了。大家来审视一下上面的种种方案，你们觉得很显然哪些方案是不太好的？很显然相对好的是哪个方案？大家认为在试卷上反复写几个100分好不好？

生：不好。

师：为什么不好呢？首先你要反复写100分干什么呢？

生：骗自己。

师：骗自己，再来看，聚焦到一个点上，有没有聚焦到一个点上？我们现在的事件聚焦到什么点上呢？你认为应该聚焦到哪个点上？

生：聚焦到满分上。

师：对。再来看有没有因果。老师不给我写100分我就自己写100分，有没有因果？因为老师没有给我100分，所以我就自己写上100分。那高考的时候就不要去考了，老师把试卷发给你，你就都写100分。其实这个同学的发言有个漏洞，你自己写下来的这个100分跟考试的100分，是不是同一个100分啊？

生：不是。

师：你这个100分不代表成绩，只是一种不满的情绪，所以我认为聚焦还不是很集中。被老师批评后，心理很不平衡，奋发向上，中考考了个很好的成绩。这个方案怎么样？

生：不好，和原来的故事不在一个点上。

师：对，矛盾不集中。由有阴影到考不好，最后再考好，这个方案也有这样的问题，而且因果关系也不够合理。其他方案我们不再一一评点了，同学们自己可以想一想，也可以互相进行讨论。下面我们一起来看原作者是怎么展开的，看看他的展开是不是符合这些基本要求。

3. 第一次对比讨论

师："按照题目上的要求，他一边念叨，一边离开老师的办公室。转眼间，二模到来了。他进入物理考场以后，又想起了老师的这句话，嘴里不断地念叨着：'一切要按照题目上的要求。'周围的同学无不侧过头来看他。'这位同学，你在说什么呢？'监考的老师一边皱眉一边问。'没什么，老师'，他这才反应过来。前面的题目完成得很顺利，他也很苛求自己每道题要百分之百正确。做到一道填空题时，他突然疑惑了。题目很简单，可是题写的是'溶化'，他记得书上明明写的是'熔化'。他犹豫了很长时间，耳边又响起了老师的那句话，'一切要按照题目上的要求。'于是他很果断地写下了'溶化'。整个考试期间他反反复复地看这道题，反复安慰自己说：'一切要按照题目上的要求。'可是，心里头总感觉很忐忑。考试结束之后，他特地去问了语文老师，语文老师告诉他说：'要看主语，如果主语是水，液体的，那就填'溶化'；如果主语是金属，那就填'熔化'。'他悬着的一颗心终于放下了。很快，又到报成绩的时候了，他眼中再次充满了希望的光芒。'这次考试很可惜，我们班没有一个100分，

217

只有一位同学得了99分，太可惜啊，就因为写错了一个字。同学们，考试的时候一定要注意细节啊。'老师的话无情地破灭了他的满分希望。"

好，这是这位同学写的事件发展。现在我们大家一起来讨论一下，比较一下。认为这位同学写的事件发展比较成功、比较合理的请举手。（举手较少）都不认为成功，是吧？我们先请两个举手的同学来说说。好吧，你认为他的事件发展为什么比较成功？

生：这种情况是完全有可能发生的，满足了合理这个要求。而且还挺有意思的，跟平常写的不太一样。

师：既比较合理，又比较出乎意料。这位同学呢？

生：我觉得这样写比较容易产生悬念。

师：为后面的发展提供了悬念。

生：而且这样写也有一种写老师关注细节的讽刺意义。

师：对老师的那两句话具有讽刺的意味，是这个意思吧？

生：但是我觉得他这样写的话，会不会导致读者认为，这个作者是刻意这样写。

师：怎样写的呢？

生：老师如果给他满分，这篇文章的档次就下降了。

师：这个同学已经想到了后面。有没有同学觉得这个事件的展开并不是太好的？觉得还没有我们班同学前面几个方案好的呢？（没有同学发表不同意见）这位同学，你是认可还是不认可啊？

生：稍微有一点不认可。

师：我看出了你不认可。你主要对哪些方面不太认可呢？

生：我们刚刚讨论的时候也讨论到了，就是他太注意细节了。觉得不够出乎意料，还在意料之中。

师：你觉得出乎意料一定要让所有人都想不到。

生：我觉得还是没有升华到一个主题吧。

师：还没有升华到什么主题，非常好。我觉得这个同学说得非常有道理。但他前面一句话，同学们不要太纠结，不要刻意强调出乎意料。有意识地强调事件的跌宕起伏就很好了，因为我们毕竟不是文学创作。就算是文学创作，一个电视剧，是不是所有情节我们全都想不到啊？另一点，这个同学讲得非常好，这样写意思还不是很明白，确实是如此。

下面说说我的看法，我从总体上还是非常认可这位同学的写法。第一，事件很明显有了新的发展。我们刚才说的几个故事，老师鼓励、自己加100分都处理得比较简单而单调，事件没有本质的发展，没有推进。大家明白我的意思吧？第二，我尤其认可他的，就是聚焦在一个点上，矛盾很集中。考试完了再写考试，满分还是满分，然后紧紧抓住老师一句话，那句话太重要了，因为那句话体现了因果，就是因为前面那句话导致了后面一次考试又没得到满分。有些同学抓住他和得满分的同学之间的关系，就没有抓住主要矛盾。所以，原作者的安排，总体来说还是比较好的。刚刚有两位同学已经讲到了事件的后一步。一个同学说后面肯定导致老师给他难堪，还有一个同学说这样写意思还没有明白。是的，文章还没完啊，事件还要再向前发展。下面我们围绕让它的意思更明确，想一想，让你写，事件会怎么发展。请大家注意，除了刚才的种种要求以外，还要让它不但有意思而且要意思明确。

4. 第二次情节展开

师：哪位同学想到了就先说，在说的过程中想法就会更丰富起来。第一次的想法不一定就是成功的，但是想着想着就会更理想。所以，刚刚有个同学说,思路打开以后就会越来越满意的。

（全班同学讨论）

师：好,那边的同学先来,说说你们这一组的想法。

生：主题是讽刺教育制度或者是考试制度。

师：怎么讽刺?下面怎么写呢?

生：就写两次考试,就是下一次考试又特别注重细节,又没得100分。

师：现在大家聚焦的意识比较强了。一模二模,后面再来一个三模行不行?就来一个三模吧,三模考得好还是考不好?

生：考不好。

师：因为什么考不好?

生：因为注重细节。

师：因为注重细节,大家已经摸到记叙文写作的一种方式的门道了,因果关系非常重要。第三次考试他又因为老师那句话没考好。这组同学啊,你认为怎么展开?后面要不要写考试了?

生：不写考试了。

师：那写什么?

生：他们俩的成绩不能更改了。第二次考试他没错,是改错了。

师：大家认为合理吗?（学生没有反应）我认为不太合理。原来的事件,矛盾在于老师前后的语言,在于这位同学的心理,现在变成了阅卷的失误。这两种矛盾不是一个性质,就分散了。你们三个人刚刚讨论的是不是这样?

生：第一次老师跟他说要注意细节,第二次他就开始死抠细节,我以前也因为死抠细节被扣分,但还不像他这样死抠错别字,我感觉他这样已经不算注意细节了,已经过头了。

师：那是不是说第二件事情不合理,或者说他的心理出了问题?这就像一个填空题,没有唯一的答案,你觉得应该怎样安排比较合理呢?

生:我觉得老师既然说让他注意细节,那下次就应该留心;如果说要出问题,那就是他把题目看得太认真了,把题目意思给理解错了,而不是看错了一个字。

师:这个同学的想法我觉得非常有道理。其实我的意思就是想让同学们对作者的第二次安排做出揣测。作为物理的试卷,纠结"溶"和"熔"是没有道理的,应该纠结在某一个符号上导致没有拿到满分,更为合理吧?由此可见这位同学已经不是"注意细节"而是典型的"纠结于细节"了。但这个纠结是什么原因导致的呢?大家可以思考。总之,我还是比较认同他这个说法的。——你这位同学,我发现我上你当了。大家有没有发现我被他拐跑了?那位老师讲的不是一个细节问题,老师讲的是什么?"一切要按照题目上的要求"。但这个同学把我们拐跑了其实就是发展了另一个情节,就是后面还是要让他考一次。再考的时候也是细节出错,看错了符号,最后又考不好,是这个意思吧?其他同学呢,有没有不同的思路?这位同学有。

生:接下来第三次考试,他碰到和第一次一模一样的问题,没注意又做错了,考试完才发现这次跟上次是一样的错。结果他又很懊恼,就知道自己肯定拿不到满分了。

师:怎么错的?还是小数点后面保留三位数?

生:对,还是保留三位数,但最后他发现却是满分。

师:最后发现是满分?有点意思。他的情节是,再考遇到同一个题,而且是同一个答案,也是题目要求保留两位小数,他保留的还是三位数,但这回考到满分了。你认为这样好不好?

生:非常好。

师:你认为他这样写是要表达什么意思呢?

生： 讽刺一下，因为一样的答案却是不一样的成绩。

师： 讽刺什么？主要是讽刺老师批改试卷不认真？这是一种思路，讽刺的矛头就是阅卷老师。大家想一想这个合理不合理？

生： 看起来这个安排很具有讽刺效果，其实不是很合理。对照前面的要求，还是分散了主题。

师： 这个安排，我也觉得不是很好。不是不能讽刺老师，但讽刺老师的阅卷粗心，和前面已有的情节不够一致。如果还能紧扣前面老师的话，就好了。

5. 第二次对比讨论

师： 下面我们看看原作者是怎么写的。"紧张的日子过得飞快，一眨眼中考到了。"大家看，是中考好还是三模好？

生： 中考。

师： 对，这体现了事件的张力，也使结果更具有震撼力。

"考试的时候，他充分吸取了前两次考试失败的教训，仔细地审视每一道题目，幸运的是中考并没有什么难理解的字眼，要求也很清晰，他小心翼翼地写着做着。直到铃声响起那一刻，他长长地舒了一口气，悬着的心终于放了下来，这一回终于能拿满分了。他心中无比地欢喜。中考后的假期是轻松而愉快的，他躺在沙发上悠闲地看着报纸。看到中考答案的时候，他的心又紧张起来了，首先翻开了物理答案，一道道题目对下来，都没有问题，直到最后一道题。'怎么还有这样一道题？我怎么没看到呢？'他有点疑惑了。'或许是太轻松了，以至于忘掉这道题了吧，我怎么可能漏掉这道题呢？从来考试也没有这样的情况啊。'他自我安慰道。愉快的日子如白驹过隙，眨眼间就过去了。这一天是领分数条的日子，他在座位上忐忑不安，那张蕴含了无数期望的纸条从前面传过来，终于他拿到那张轻松又沉重的纸片，他看了一眼。随即脸色煞白，无力地瘫坐在椅子上，90分，最后一道题刚好是10分。"

现在我们讨论两个问题。第一个问题：我们是让这个同学考好好还是考差好？认为考好好的同学举手。（两个同学举手）你说说理由。

生：考那么多次，让他考好一次也挺好的。

师：他心比较软，一般心软的男孩子特别受女生欢迎。但我们不是要表现同情心，而是要思考写作的安排。你的理由呢？

生：这样安排的效果积极向上。

师：中国的古典作品大多是这样的，来个大团圆的结局，题目是满分，最后也是满分。但是大家要记住，最后让他考了满分，你是要表现什么意思呢？这点太重要了。你要告诉人们什么呢？只要注意细节，只要按规定要求，只要听老师的话就能考满分？所以我认为从主题的深刻性、震撼力，从阅读欣赏审美的角度讲，恐怕还是不要让他考好。下面是第二个问题：让他没考好，是什么原因比较好呢？你可以有各种各样的安排，但是必须有一条，必须和前面两次构成一个内在的联系。最后一次，最关键的一次没有考好，没有拿到满分，他的原因是什么？这就是主题的指向。所以记叙文特别强调这种因果关系。

6. 多种结尾的对比

师：好，下面就涉及主题的指向了，最后的结尾就太重要了。这里有两个结尾，我们来比较一下。

结尾1：这一学期期末表彰的名单上再也没有出现他的名字。

结尾2：一年以后，他以一个普通高中生的身份，夺得了物理竞赛的金牌。

认为结尾2写得好的同学请举手。（举手比较多）哪位同学来说说理由？

生：给读者留下了很大的想象空间。

生：我认为结尾2意义比较深刻，现在的教育伤害了很多比较有天赋的学生。

师：她的意思我明白了，就是拿满分的未必有出息，不拿满分的未必没有出息。有没有人认为结尾2不好的？

生：我认为结尾2和整篇文章给人一种脱轨的感觉，我觉得结尾1比较深刻，有很深的意味，唤起了对主人公的同情。

师：我跟这位同学的意见比较接近，比较喜欢结尾1。一般来说，记叙文的结尾要干净，结尾要含蓄有意味。更重要的是，不喜欢结尾2，什么原因呢？第一，不合理。一年后，这么纠结的一个高中生夺得了金牌了？不可信。让人无法理解，而且拿金牌的就是成功、就是"有出息"吗？这是想用另一种方式来肯定大家批评的教育。

现在请每个同学给这篇文章写一个结尾，要能体现我们前面提到的各项要求。——啊，要下课了。那就课后再写。黄老师写了三个结尾，你们看一看哪一个更好？

结尾a：原来往往越想得到的就越得不到啊。

结尾b：他后来才明白，或许人生本来就没有满分。

结尾c：中考结束了，他病了。可到底是什么病呢？

认为a方案好的请举手。（没有举手的）认为b方案好的请举手。（少数举手）好，找个同学说一说为什么b好。

生：文章的中心意思是想拿满分，最后发现人生本来就没有满分。

很自然，也很深刻。

师：认为c方案好的来说一说想法。

生：我认为c方案思考的空间比较大。

生：我认为a和b的结尾和前面的内容没有什么太大关系。

师：想不想听听黄老师的意见？

生：想。

师：前面两个都是议论式的，把主题点得很明，也很有深度。但引申得的确有些突然，而且我以为记叙文以叙述的方式结尾更好。c方案由于没有考好而生病，由他的病进行设问，很自然。到底谁病了，什么病，让读者去想。可能是心病，也可能是教育的病，当然也可能是社会的病。但是黄老师也觉得三个都不好，为什么？因为最好的结尾在你心中。好的，下课。谢谢同学们！

听者思语

（一）

当下的高中作文教学几乎已经看不到这样真教写作的课了。第一，受高考作文命题风向标的制约，当下的高中作文教学早已全体堕落为高考的奴婢了：高考作文怎么命题，语文教师就怎么去命题加训练；高考试卷出现什么样的作文题型，语文教师就整天逼着学生练写什么样的作文。尤其不注重学生文化积淀、素养提升，更不注重学生写作欲望的真激发和"怎样写"的真感受，注重的只是万花筒似的题目和"高分术"的干巴传授。试想想，学生严重缺乏文化积淀、思辨训练和素养提升，几乎丧失写作的根本，又不能真正体验和感受到写作欲望和神思被激发的过程，整天在那里干瘪瘪、枯巴巴为写作文而写作文，为练技巧而练技巧，结果只能是永远被动地"挤牙膏"，怎么能写出好作文来！原因就在于，我们在偷巧的"末技"上花的功夫太多，在"本源"上太不用心力，尤其是对引导学生真正参与、体验和感受写作的真过程太不重视。第二，教师讲评作文总是拿几篇优秀作文（多是天生就会写作文的学生的作品）读读、说说、讲讲，而后就不了了之。更有甚者，一些老师还总是不顾"文无定法"这一实际，总是试图借一些优秀作文一厢情愿、自以为是地演绎出一些"高分术"来教学生如何去借鉴——实际上反倒箍死了学生的思维。这样的作文讲评年复一年，不顾学生，不思改进，究竟有几个学生对写作有了真感悟和真提高，只有天知道！第三，也是最重要的，黄老师的课更像一堂还原写作过程的作文讲评课，是在用学生学写作的真法子来真教学生学写作文。论教法，他没有玄乎其玄，只是在引导学生本真地展开故事情节，在真体验和真感受。就是凭借这个真法子，黄老师真实地激发了学生的写作欲望，还原了师生共生"作文"的过程，让学生真切地体验和感受到了"怎样写"这一过程。就这一点，就很值得当下的中学语文教师好好学习和借鉴。第四，这堂课上，学生是自主独立、积极主动、全程参与的，是思维活跃而富有质量的，是与教师密切合作而共生的。这种真教写作的真课堂，在当下无疑是颇具导向性价值的。中学作文教学如何走出仿真低效的应试化功利主义泥淖，如何在学生"凭什么写""是否愿意写""怎样写好"等方面做足、做实、做活和做透，黄老师的这堂写作指导课给了我们一个很好的启示。

（江苏省泰州中学　董旭午）

（二）

在"事件展开"课例中，黄老师选取了一篇学生习作——《满分》作为教学的抓手，作为师生共生活动的凭借。首先，从选材的角度来看，习作切合学生的生活实际，易于激发他们的写作兴趣。习作主要是写小作者作为物理学习的高材生，追求考试的满分，但在一模、二模和中考这三次大型考试中，都与满分擦肩而过的苦涩经历。学生太关心这一题材也太容易写这方面的内容了。小作者和学生是同龄人，同样的学生身份，更是大家最熟悉也最关心的考试成绩的话题，而满分或优异成绩也是大多数学生的共同追求，这样的教学选材无疑立足于学生的兴趣和需要，很容易打通学生的生活经历和思想历程，极易引起他们的共鸣。其次，从老师的用意方面来说，也充分体现了设计的妙处。关注考试成绩的题材是中学生爱写的，但大多数老师并不大认可，原因就是这类文章大都是学生自己的喜怒哀乐，缺乏一种更深层次的思考。黄老师大概正是想从这个熟悉的材料中找寻出不平凡来，带领学生进行创造性的共生写作，对学生的指导就更重要了，这样更能激励学生"跳起来摘桃子"。所以黄老师就是在指导学生如何从这些熟知又乐写的材料中发掘出新意来，引领学生从生活琐事中发掘出人生的真谛。表现在课堂上，我们可以看到学生对文章的续写热情高涨，课堂参与的积极性特别高，师生在课堂上也确确实实地生发了许多宝贵的构思，这都是立足学生选材并顺着学生的思维去开展教学的良好效应。课堂上，学生被完全调动起来，他们成了课堂真正的主人。当然，课堂上，教师也不是袖手旁观、无所事事，而是和学生一起活跃在课堂思考和讨论中、在教学过程中。黄老师以他亲切的教态和教学语言，从学生的真实想法入手，引导学生表述他们的心声，共同营造了和谐互动的课堂。我们欣喜地看到，黄老师共生作文的课堂是师生积极互动的课堂，是有"人"的课堂，所以说作为课堂主体的人的"复活"是共生作文教学的前提。

黄厚江老师的"本色语文"根植于中国文化，特别是共生教学强调"师生、生生的互动"，颇有哲学关怀意味，将老师和学生这些"人"的因素体现在教学之中了。课堂上的师生不仅都是活生生的人，而且还都是互动的整体，是心灵和思考碰撞的师生共同体。共生作文的课堂上面，师生"活"了，大都可以彰显各自生命的本色，实现了在写作中的多重相遇。

首先，原作者与课堂学习中的学生的相遇。黄老师挑选出来作为教学抓手的《满分》作文，其实隐含的是文章作者的一段心理历程以及借此而形成的文章，即生活的真实和写作成果。让学生去续写这篇文章，其实就是给原作者和学生打开了一扇相互交流的大门，让学生和作者相遇，感受着学习特别是考试给他们身心带来的欢愉和折磨。

其次，课堂学生之间的相遇。以《满分》作文或者说是原作者的现实经历及其形成的作品为媒介，课堂上的四五十名学生形成了一个学习集体，他们的思想因这篇习作而撞击出了火花，各抒己见、见仁见智、集思广益，传递着不同的思想，并表达着对写作的不同见解。这种相遇是真正的生生间关于写作的对话学习。

最后，课堂上还实现了教师和学生的相遇。黄老师指出在共生写作教学中，教师要带着鲜活的写作体验进课堂，带着写作的种子进课堂。教师在教学中是有所预设的，但黄老师在教学中又不以权威自居，而是作为一个引导者或者说是导游者的身份，引导学生给事件进行续写，用黄老师自己的话来说，就是在"带着学生讲故事"。教师只是在利用自己引导者、知识先行者和成人的身份，带领学生展开着故事，教师的思想也会在与学生的交流评价中得以体现，此时师生也在写作中达到了写作教学的目标,并实现了思想上的相遇。

(江苏省苏州市立达中学　张广武)

教者思语

　　过于追求"点"与"线"的呈现,对故事展开中的多向性和丰富性关注不够,突出了"技"的教学,忽视了"道"的感悟。

《一则材料的多种使用》教学实录
——和学生一起体验写作过程

1. 提供故事

师： 今天我们学习的内容是记叙文的写作。先问大家一个问题，如果让你写记叙文，你第一个环节要考虑什么？

生： 考虑写什么事情。

师： 对了，思路都很清晰。写记叙文第一个环节是选择一个事件。下面我给大家讲一个事件。大家注意听，看看能写什么样的记叙文，能写什么样的话题。

在一个学校的高二年级，有一位女生长得很普通，成绩很一般，最大的优点就是和同学关系很好。这一学期班主任准备进行班级干部改选，班长是自由竞争。这个同学也萌生了竞选班长的念头，但是又不太自信，于是就找了最要好的几个铁哥们儿、铁姐们儿商量这个事情——你们叫死党，对吗？几个死党、最要好的朋友都说：你竞选，我们挺你，我们支持你，我们为你加油。然后，这个女同学就定定心准备去参加竞选，竞选演讲发挥得非常出色。但结果她没被选上，觉得自己没有另外几个同学优秀，还是能接受的。但是后来一个偶然的机会，她知道了同学们投票的结果，她只有一票，那一票就是她给自己投的。她无法接受这个事实。

2. 话题选择

师： 故事到此为止，大家想一想，这个故事可以写什么样的话题呢？这个故事能写成什么样的记叙文呢？我们先来讨论一下，这个事件可以写什么样的话题？想好的同学可以发言。你想到的是什么？（问一男生）

生： 我觉得没选上应该是她自己的关系吧。

师： 你没弄清楚黄老师的问题，我没有问她选不上的原因。

生： 做事情要靠自己的能力。

师： 同学们，我们是什么课，是班会课吗？不是，是政治课吗？也不是。我们是作文课，我们想一想这个事件你可以用它来写哪些话题。

生： 我觉得可以写友谊。

师： 写友谊，非常好。第一个话题是可以写友谊。友谊到底是什么呢？怎么样才是友谊呢？对，是个好话题。其他同学呢？

生： 写人。

师： 写人，不错，但所有写作都可以写人。你可以具体说写人的哪些方面。

生： 写人与人之间的关系。

师： 写人与人的交往，还是写人与人的关系？

生： 关系。

师： 很深刻。有时候，想一想人与人的关系有点可怕，当然不必害怕。

生： 我认为可以写关于鼓励的问题。

师： 关于鼓励，对，因为她是在同学们的鼓励下竞选的，非常好。一个好材料总是可以写无数个话题，有无数个立意。

生：我认为从她死党的角度，写一个关于诚信的话题。

师：可以写诚信，几个死党不太诚信。这个同学的习惯很好，边思考边写出关键词，这个对构思写作非常重要——是的，写诚信，写承诺，都不错。这位同学你想到什么了？

生：要自己相信自己，因为她自己给自己投了一票。

师：她可以写自信，好的，再想。构思作文的时候想得越多越好。

生：我觉得还可以写一个做人的话题。

师：做人？做人的话题太大了，所有的事情都是做人。

生：如果这件事发生在我身上，我可能就会发奋学习，用这个来——

师：来证明自己。

生：对。

师：你是一个很要强的孩子，但还可以把这个话题变得再小一点、具体一点。这位同学——

　　生：我觉得可以写竞争。

　　师：关于竞争？

　　生：或者是关于抉择的，因为她的朋友在给她投票之前是在友谊和自己的理智之间抉择的。

　　师：很好很好。这位同学——

　　生：她只得到了一票，可以写一个关于意外或者惊讶的话题。

　　师：意外？

　　生：意外的结果。

　　师：非常好。再想下去，一定还有很多。我们理一理，应该说是两条大的思路，一条是围绕她的几个朋友，围绕她的同学和她的关系，还有一条主要是围绕她自己。

3. 不同思路的重点选择

　　师：现在我们思考一下，一个事件可以写很多话题，写作过程中应该对这个事件怎么进行加工呢？

　　生：要有侧重点。

　　师：能再具体些吗？

　　生：就是对有些内容进行特别详尽的叙述，而对其余的方面进行略写。

　　师：非常好，这可是至关重要的一步。我们一定要记住，一个材料可以写很多话题，但是每一个话题对材料的加工应该是不同的。概括一下是：有的地方详写，有的地方略写；有的地方要写，有的地方不写。另外还要注意，如果需要写但原材料没有这样的内容，怎么办？

生：要用自己的想象。

师：对，想象，补充。好的。那现在我们以两个最常见的话题来考虑写作的详略和思路。一个是写友谊，一个是写成长的心路历程。那么，它们应该分别侧重写什么？请同学们任选一个认真考虑。

（学生考虑几分钟后，进行交流）

师：你选择的哪一个话题？

生：成长。

师：成长。好的。你准备重点写什么？

生：主要写她的心理变化和她的情感。

师：非常好，有没有其他同学也选择写成长的？你的想法跟他一致吗？

生：我也是写的成长话题。我主要是把事件当成一个表现的线索，而内心独白穿插了整个写作过程。

师：两个人都淡化事件，主要写心路历程。现在看来有一点是肯定的，如果要反映这个孩子的心路成长历程，我们一定要突出心理的主线。具体说写什么心理？

生：沮丧。

师：沮丧？

生：因为她得知自己只有一票后，她觉得她的朋友、她的死党背叛了她。

师：你的意思是倒过来叙述？如果顺叙，你认为第一个阶段应该写什么样的心理？

生：得知竞选班长的消息，高兴和兴奋。

师：是兴奋吗？她觉得自己的机会来了，很兴奋，是吗？

生：我认为内心是忐忑。

师：忐忑？

生：对，要不要竞选，拿不定主意。

师：大家一起来讨论一下，得知竞选的消息，是兴奋、高兴还是忐忑不安？——我们分析一下。首先是她对竞选有没有把握？

生：没有。

师：对，没有把握。因为她不是很优秀，成绩很一般，只有人缘关系好一点，所以她觉得有点希望，但是不太有把握。大家还要注意，记叙文要善于写出矛盾来，忐忑就是矛盾。忐，有希望，头向上；忑，头向下，没希望。——找几个死党商量以后呢？什么样的心理？

生：然后就是自信满满。

师：商量了以后肯定是自信满满，即使不是满满，肯定有点自信了。接下去写什么呢？沮丧？这样跳得太快了——大家注意，为了文章有感染力、有震撼力，主题更有表现力，要努力写得有变化。准备竞选的过程中什么心理？

生：紧张的心理。

师：非常好。这个时候心里一定会有紧张，似乎很有希望，当然还有些忐忑。这样波澜就出来了。演讲以后呢？什么心理？

生：自信满满。

师：也是自信满满？有没有把握？

生：期待。

师：对，期待好。感觉不错，但也没有把握。这个地方我们可以具体想一下，一个女孩子想象着自己做了班长的情景。后来呢，结果出来了。结果出来了以后什么心理呀？

生：失落。

师：对，失落。知道仅仅得一票之后呢？

生：愤怒。

师：很生气，很激动。是不是就这样结束了呢？最后应该写什么？

生：乐观。

师：是不是一定乐观？

生：不一定。

师：不一定。但肯定对这件事情有一个认识理解的过程，而且这个认识和理解一定体现出她的成长。

好的，我们刚才是讨论写成长的重点。其他同学有没有写朋友友谊的？重点应该写什么？

生：写竞选前她朋友和她的对话。

师：写她朋友的表态。我也觉得这是一个重点。就写竞选前的对话？其他呢？

生：竞选之后，与她和朋友再次对话的对比。

师：要写出对比。其他同学有没有写她和朋友们关系的？——你也是，你构思是不是一样呀？

生：我觉得应该重点写她知道结果之后，知道她朋友背叛她之后的那些感受。

师：很复杂的感受，这也是形成对比。

生：我觉得还可以再扩展一下，再写她如何解决与朋友之间的矛盾。

师：写矛盾的解决？有意思。

生：写分歧怎么消除。

师：也就是她怎么走出来的。

生：然后再探寻为什么没有选她的原因。

师：大家觉得要重点探寻为什么没有选她的原因吗？

生：没有必要。应该写在得到这个消息的时候，内心对过去她跟死党之间的回忆, 突出关系非常好。

师: 我也觉得没有必要重点探寻为什么没有选她的原因, 在对话中有所交代就行了。看来, 大家都强调要前后对比。大家觉得要强调前后的对比吗? 同意这样写的请举手。

(大部分学生举手)

师: 黄老师也举一下, 我也同意这几位同学的意见。如果要写对朋友的理解, 对友谊的理解, 前后的对比很重要。那么, 前面除了写朋友的鼓励, 还要写什么, 使前后对比更强烈, 表现主题更有力?

生: 写她跟死党之间的交往。

师: 这位同学说前面还要写她跟死党之间的交往、友谊。大家觉得要不要写?

生: 要。

师: 对的, 我也认为可以这样写。一开始把友谊表现得越强烈, 后面投票以后就越震撼, 她就越痛苦, 最后所要表现的主旨就越深。从我们的讨论中可以看到, 同一个材料写不同的话题, 材料的处理空间很大, 具体安排又和具体的主旨有关。

4. 一篇习作的评点

师: 下面请同学们来听我读一篇我们班上一位同学写的习作。请大家认真听, 然后来评点一下这篇文章的可取之处和不足之处。

文章题目叫《四叶草》。她给那个女同学起了一个名字叫臻晨, 日臻完善的臻, 早晨的晨。

"臻晨是一个默默无闻的高二女生: 身高平平, 身材平平, 相貌平平, 就连学习成绩也是不好不差, 中上游。臻晨唯一值得自豪的便是在班上有几个死党，几个人一起上学，一起回家，一起上厕所，从同学聊到老师，从班级聊到国家，可以说是无话不谈。"

"在那个星期五的午后，臻晨告诉她的死党们她想竞选班长时，三个人几乎不由自主地同时停住了脚步。那一瞬间静得出奇，似乎连空气都凝住了。幸好小A反应比较快，率先开口打破了平静：'我们一定支持你。'小B似乎想说些什么，被小A抢先开了口：'我把这一株四叶草送给你，祝你竞选顺利！'一边说一边从书包里取出一株四叶草轻轻放在臻晨的手心里，还不忘向小B抛了一个眼神，于是小B把刚到嘴边的话咽了下去。臻晨自然是十分感动，小心翼翼把四叶草放入笔袋里，口中还不忘说道：'你们可一定要投我一票哦。'

'当然会了。'小B说。

"准备竞选的日子是紧张的，臻晨必须在课间拉选票，完成竞选演讲稿，还要准备迎接各种刁钻古怪的提问。每一个周日准时出现在公园里的那几个人也少了一个，只剩下小A和小B在商量着什么。

"臻晨把四叶草固定在卧室的墙上，以此作为自己最大的动力，但竞选的结果还是不理想。尽管臻晨发挥也很出色，但在强手面前仍不能及。班长没被选上，只捞到一个课代表，臻晨已经很满意了。在夕阳的余晖下，与死党们走在回家的路上，她感到很舒畅。有四叶草的陪伴，她晚上会睡得很香。

"可是第二天早上太阳没有从东方升起，取而代之的是大片的乌云。臻晨把作业放在老师办公桌上时，不经意地瞥到了票数统计，自己的名字下赫然一条横线。那是她自己的一票。顿时，像是一块大铁块重重地砸在了她的心头，她踉跄地跑出教室，去找小A和小B讨一个说法——所有认识她的人都说从来没看到她这么凶——小A的脸上居然还是一如既往地挂满了笑容，说：'我看别人都没有选你，我这一票不能浪费呀。'

她看了一眼臻晨接着说，'别急，下一次帮你多拉两票，那么我一定选你。'

"臻晨没说什么，她终于明白了，所谓死党也就是置你于死地的同党，她终于明白了所谓保证都不过是一句空话，所谓礼物都不过是一种形式，所谓朋友也只是为了需要互相利用。臻晨悄悄把卧室墙上的四叶草取下来，收藏在抽屉里。尽管她看到这株四叶草心如刀绞，但她要记住它，它刻着她成长的印记。

"从此臻晨退出了原先的'铁三角'，取而代之的是当今的班长大人。臻晨变得比原先更加沉默。一年后的班长竞选臻晨没有再参加。

"十年后臻晨坐在办公室里，就如许许多多的人一样，堆着笑脸应付着上司，不时地训斥着自己的下属，带着同一种微笑和所有人交往。那株枯萎的四叶草还静静地躺在她抽屉里。"

请同学们谈谈总体印象，作一个总体评价。如果你认为这篇作文能打80分以上，请举手。举手的同学不少。哪位同学做一个简略评点，好，这位同学。

生：她以四叶草为线索，构思比较巧妙，并且揭示了一个道理：一件小事情可能会影响人的一生，立意比较深刻。所以给她打80分。

师：她打80分，理由有两个。一个是构思比较好，第二个是主题比较深刻。哪位再说说？

生：我觉得她前面的铺垫比较好。开始时她们两个窃窃私语，把嘴边的话都咽了回去，对后面的结果有铺垫作用。

师：这一点非常重要，后面的情况出乎意料，但是前面铺垫充分，就觉得不突然，是吧。

生：而且合理。

师：非常好，而且很合理。这是写记叙文很难处理好的事情。后面要有震撼力就要有突然，但是你要合理，前面就要充分铺垫，所以投票前嘀嘀咕咕已经暗示了不投票。其他有没有好的地方呢？

生：我主要认为她的想象力丰富，很多情节的创新都非常合理，给人以震撼。

师：是的，黄老师原来提供的是干巴巴的小材料，写900字的文章，很多内容是学生自己补充出来的。还有一个小技巧也不错，文章的题目叫什么？《四叶草》，比直接用友谊做话题要好，更含蓄。这株四叶草在全文中起了一个很重要的作用，刚才同学讲的，像线索一样，和自己内心感受形成一种虚实之间的互补。应该说这篇文章好的地方还有很多。但这篇文章也有很多不足的地方，有没有发现？

生：如果最后再写小A和小B的事就好了。

师：再写什么？

生：小A和小B的事。

师：这里还要写小A和小B的表现？这是一个观点。其他同学呢？

生：我认为她的结尾比较消极，可以设计一些情节让主人翁走出阴影。

师：比较消极？

生：对。

师：他用了消极这个词，其实读了这篇文章以后，我还不只是消极，简直是——

生：沉重的心理。

师：对，很沉重。所以我专门找了这位同学，让她把这篇文章主题调整一下再写成另外一篇文章。不就是没有当班长嘛，不就是朋友没有投票嘛。你看看，一辈子活得这么累，这么压抑——好的，道理不多讲了。现在我们先动脑筋，让这个可爱的臻晨快乐起来。大家看怎么写可以让她快乐起来。首先要把问题想通，那几个死党是不是像臻晨想的那么阴险，那么可怕，那么恐怖？

生：不像。

师：我也觉得不像。想一想，那几个死党不投票有几种可能？

生：根据实力来说，如果她没有实力也就可以不投她。说明她们还是对友谊特别珍惜。

师：那为什么她们鼓励她参加竞选呢？

生：鼓励她主要是让她充满自信，不希望她做一个——

师：找不到自信的人。

生：对。

师：好的，这可以理解，我们鼓励你去竞选，我们就是让你自信，我们并没有说一定要投你的票。还有没有？大家想一想，如果友谊就是要投票，这是一种什么？

生：是交易，太肤浅了。

师：太肤浅，太庸俗。

生：不真诚。

师：说得多好。这才是真正的不真诚。有的人拉选票，理由就是我们是哥们儿，我们平时关系那么好，你不投我的票吗？这是对投票的亵渎，这是对权利的亵渎，对不对？票是投给谁的？是投给最适合的人。大家下面想一想，如何让这位受伤的女同学转变呢？

生：让她重新相信友情。

师：对。但她已经失落到底了，对朋友们很失望了，如何完成这个转变呢？

生：她们是朋友嘛，她们不可能因为她生一次气，就完全放弃她——

师：怎么办呢？

生：我觉得她们还会试着说服她。

师：能具体一点吗？怎么说服这个同学让她走出这一个阴影呢？

生：找老师。

师：这是方法，找老师也可以。还有其他方法吗？

生：可以让她看到一个故事，得到一些启发。

师：我觉得这个方法不错，读书是治疗心灵创伤的灵丹妙药。还有没有其他方法？

生：让那些同学们来帮她。

师：我觉得这是最好的方法，作为她的朋友应该这样做，不是四叶草嘛。朋友心灵受伤了，她们不能不管她。你会怎么做呢？

生：去向她解释一下。

师：这些同学聚到一起和她聊聊投票的事。

生：她当时可能太过冲动，想得太偏激。

师：大家把前因后果一讲，她或许就理解了。是的。我甚至想到，可以借鉴刚才那篇习作的方法，让她们十年甚至二十年之后再谈起这件事，让她回头一想，觉得自己当时真的不应该那样。——好的。一定还会有很多种方法，我们就不再讨论了。我相信我们班的同学在作文中一定能找到好方法消除臻晨的误解。

5. 不同的叙述选择

师：现在我提醒大家注意刚才有两位同学的发言。一位同学强调前后对比，但是她想把前面的内容放在后面写，一开始就写震撼、沮丧、失落；一位同学还把之前的友谊和后来事件的发展穿插起来。这就涉及一个什么问题呢?

生:倒叙。

师:对。同一个事件可以写不同话题,同一个事件也可以有不同的叙述方式。可以倒叙,可以顺叙,还可以复杂一些,穿插写。大家有没有想到,除了不同的叙述方式还可以有多种叙述人称?有哪些人称?

生:第一人称。

师:第一人称,还有呢?第三人称,还有呢?第二人称能不能写?当然能写呀。

生:写一封信。

师:对。其实不用书信,也可以用第二人称。除了多种叙述人称还可以有不同的叙述主体。有哪些主体?

生:这个竞选的女同学。

生:几个朋友。

师:还有呢?

生:老师。

生:家长。

师:非常好。——这个素材的主角就是我女儿。我女儿后来也写了一篇文章,她的主题是放在自我认识上,文章的题目叫《成长是一道明媚的忧伤》。在她写这篇文章之前,她没走出来,情绪极度消极。黄老师给她写了一篇文章,我想跟她谈谈,但是当面谈不好谈。知道我用什么方法跟她谈吗?

生:书信。

师:你们太聪明了。要下课了,大家回头小结一下,写记叙文有哪些基本要求。

首先要有一个适合的事件,然后要由事件想到适宜的话题或者规定的话题，结合话题提炼适当的主题，根据话题和主题确定材料处理的详略，再根据需要确定适当的叙述方式和叙述主体。

但黄老师今天这节课的重点不是学习这些写作知识，而是要告诉大家：记叙文写作中一个材料的多种运用。

好的，下课，谢谢同学们。

听者思语

2012年10月19日，和来自全国各地的老师们一起听了黄厚江老师的一节作文课。尽管作为黄老师的同事，听黄老师课的机会并不少，尽管知道黄老师的作文课有鲜明的特色，但听了这节课之后还是有一种全新的感受。一位来自浙江的老师说："原来作文课还可以这样教！"我想，他的话说出了很多老师的心声。

首先是全新的理念。

黄老师积淀自己几十年的实践和研究，形成了共生作文教学的理念。他认为作文并不是简单的老师教、学生学就能培养学生的写作能力，学生只有在写作中才能学会写作。而最有效的方法就是在师生和生生互相激发、共同参与的过程中学习写作。在黄老师的这节作文课上，黄老师不仅自己和学生一起参与写作过程，激发学生的写作，引领学生的写作，而且借助于一位同学的写作，让同学们都参与到写作活动之中，一起再写作。这既是运用他自己总结的再度写作的方法，同时也是共生写作理念的充分体现。这位同学的习作激活了大家的写作兴趣，点燃了大家的写作热情，而大家的参与也互相丰富了写作的体验，并在这个过程中认识了写作的规律，提高了写作素养。而我们平时看到的作文课，或者说我们自己的作文课，基本都是单线型的活动，老师讲或者老师评，学生听或者记，即使也有一些学生活动，基本是没有张力、没有活力的——对应的简单问答。黄老师的课，使我们对作文教学、作文课以及学生写作能力到底如何提高，都有了一个新的认识。

其次是全新的内容。

作文教学应该教什么呢？我们通常的做法，或者是把写作知识作为作文教学的主要内容，或者是把写作方法和技巧作为作文教学的主要内容，或者是把各种材料的阅读作为作文教学的主要内容，或者是把佳作展示作为作文教学的主要内容，或者是把习作的评判作为作文教学的主要内容。而黄老师认为，中学作文教学的基本内容应该是：感受写作过程，体悟写作规律，形成写作经验，丰富写作积累。黄老师的这节作文课，的的确确在实践他自己的教学理念和主张。整个一堂课，都是学生参与写作的过程，学生思考材料所蕴含的话题，学生根据话题思考加工材料的重点，学生讨论有哪些叙述的主体和叙述的角度。当然不是说这节课没有写作的知识，没有写作的方法，没有优秀习作的呈现，而是这一切都是融合在了感受写作过程，体悟写作规律，形成写作经验，丰富写作积累的过程之中。这样的写作知识，这样的写作方法，不再是僵死的概念，而是活的知识、活的方法，学生优秀习作也不再是一个正面的样板，而是激活共生写作的种子。

再次是全新的思路。

作文课的展开，有哪些基本思路呢？如果是指导课，大多是分析题目——讨论立意——组织材料；如果是作文评讲课，大多是回顾题目要求——出示优秀作文——指出存在问题。现在比较流行的教学思路还有：一种是教给写作方法——运用教给的方法进行写作——小组交流习作——全班交流优秀习作，教师评点——教师出示优秀作文；一种是出示佳作或者名家作品——归纳写作方法和技巧——现场训练——评点修改；一种是讲解方法——出示范文——借鉴写作——现场评点。或许不同的老师不同的内容会有一些变化，但万变不离其宗，基本程式大体一样。但黄老师这节课的思路和结构全然跳出了种种程式。他首先设置了具体的写作情境，一下子激活了学生的写作兴趣；然后讨论这则材料这个事件所蕴含的话题，充分理解事件的价值；再根据规定的话题讨论材料的加工和处理；接着围绕一位同学的写作讨论其优点和不足，并进行再度写作的初步思考；最后简略讨论故事叙述的多种可能。这样的思路安排，完全依循了自由写作的基本规律，也非常切合学生的认知特点和学习心理，实实在在地让学生感知写作的全过程，并在这个过程中获得丰富的写作体验和积累。

置身于黄老师的课堂中，我们强烈地感受到语文课堂教学的无限魅力，清晰的层次、自如的收放、课堂的推进不断带给我们喜出望外的感觉，真正达到了陆游"山重水复疑无路，柳暗花明又一村"的审美境界。

在这节课中，教师的角色也是全新的。

什么是教师主导？什么是学生主体？黄老师用他的课堂作了最形象也是最有力的说明。如果从作文教学的特点角度看，黄老师不是在"教"学生写作，不是在讲作文，更不是指手画脚地评点学生的写作，而是和学生一起写作。我们从写作的整个过程可以发现，黄老师基本上不主讲，更不强势；但事实上，教师又是整节课的设计者、组织者和引领者。最重要的是，黄老师是学生进入写作状态的激发者。在整堂课中，黄老师几乎没有对学生的写作设想、写作思路作简单的肯定和否定，他的一切努力就是激发出学生尽可能丰富的想法。而这样的成功引发在课堂上不断出现：引发学生对材料所蕴含话题的多元思考，引发学生对各种思路和不同详略安排的设想，引发学生对所引入的一篇习作进行再写作的多个方案，引发同学们转变那位受伤害的女同学情绪的多个方案。这些活动的成功组织，实现了教学共生，实现了写作共生，也使课堂更加丰厚而灵动。黄老师平时经常和我们说：什么是教学？就是教师教，学生学。

（江苏省苏州中学　周　黎）

教者思语

对一则材料的多种运用缺少必要的归纳和梳理，即放开以后缺少恰到好处的"收"。有些地方的"放"还是显得拘谨而不够自然。

《写出特别之处背后的故事》教学实录

——和名家一起写作文

1. 发现特别之处

师： 今天我们一起写一篇记叙文。平时大家都是一个人写作文，对吗？

生： 对。（齐声）

师： 今天我们大家一起写，而且还请来了一位作家和我们一起写。我们先来看这位作家写的一篇文章的开头，哪位同学来读一读？

（一生读）

生： "今年的雪下得大，埋没膝盖，到处有胖乎乎的雪人。下班时，路过院里的雪人，我发现一个奇怪的迹象：雪人的颈下似有一张纸片。我这人好奇心重，仔细看，像是贺卡，插在雪人怀里。"

师： 我们写文章一定要注意写出事物、人物的特别之处。比如说看到小狗，你要注意这只小狗与其他狗不同在什么地方；看到一棵树，要能看出这棵树和那棵树有什么不同的地方；当然，看到一个人也是如此。这是写好记叙文的前提。看到黄老师走进教室，有同学笑了，他们肯定是看到了我某一点特别的地方。现在我们来看看这段话中的雪人有什么特别的地方。

生：颏下有张贺卡。

生：它比较胖。

师：它比较胖和颏下有张贺卡，你觉得哪个是更有特点？

生：它比较胖。

师：大家看过胖的雪人吗？

生：看过。

师：大家看过雪人有贺卡吗？

生：没有。

师：对。雪人胖比较正常，雪人要瘦是不容易的，所以，特别处是雪人的颏下有张贺卡。

作者又有什么特别的地方？

生：很有好奇心。

师：一个人要写好文章必须始终保持好奇心，没有好奇心文章就写不出来了。这位作者很有好奇心，所以写出了很多优美的散文。现在大家再来想一想，这贺卡会是什么人写的？

生：小孩。

师：一个小孩给胖胖的雪人写一张贺卡？想想这是一个怎样的小孩？

生：这是一个可爱又调皮的小男孩。

师：为什么说他是可爱又调皮的男孩？

生：这个调皮的小孩堆完了雪人还给它写张贺卡，表达对雪人的祝福，可见他很可爱。

师：黄老师小时候也很调皮。如果我是调皮的男孩，可能不是给雪人写张贺卡，而是在它身上画一个图案，或是给它添两撇胡子。但这个孩子却是给雪人写了张贺卡，所以这个孩子不仅仅是调皮，他还给雪人送上自己的祝福。给雪人送上祝福，会是一个怎样的孩子？

生： 善良的孩子。

师： 愿意为别人送祝福的人肯定是个善良的人，而这个孩子给路边的雪人送上祝福，除了善良，还会有什么原因？

生： 他可能对雪人有份特别的回忆。

生： 他可能特别孤独。

师： 都很有道理。特别孤独的人可能对不是人的事物更加亲近，因为他在生活中找不到朋友。契诃夫写过一篇小说，写的是一个赶马车的人，他一边赶车，一边和拉车的马交流。如果你是文中的小男孩或是小女孩，你会给雪人写一份怎样的贺卡？

2. 以一个小朋友的口吻给雪人写贺卡

师：现在请大家以这个小孩的口吻写贺卡。

（学生动笔写贺卡，然后交流）

生：亲爱的雪人，愿你洁白的心灵永存世间。

师：谁来评点一下，写得怎么样？

生：感觉不像小男孩的水平，他的水平比小男孩高。

师：感觉身份不是很符合，贺卡应该写得更有孩子的特点。是的，这话写得太老成了，不过意义还是很深刻的。

生：亲爱的雪人，今年的雪下得和去年一样大，我也还是和去年一样没有找到一个朋友，幸运的是上帝把你送到我身边，也许每天你只能听到呼啸的风声为你送来远方的消息，只能听到漫天的飞雪回忆老旧的往事。可是今年我很乐意与你做伴。

师：谁来评点一下？

生：写得很好，不仅有环境描写，而且用拟人的手法把雪人写得栩栩如生，但她没有写出祝福，所以我觉得还没有达到标准。

师：刚才的女同学文笔非常好，写出了小男孩的孤独。当然，评价一篇作文好不好，首先要想想它的要求。大家想想，这张贺卡应该有什么要求呢？第一，口吻必须是个孩子。第二，他很善良。第三，他很孤独。对照这三个条件，刚才那女生写得非常好。其他同学是怎样写的？

生：Dear snowman，新年快乐，祝愿你永远这么可爱，谢谢你陪我度过快乐的童年。

师：孩子的特点很鲜明，还含蓄地写出了内心的孤独。可是雪人能"陪我度过快乐的童年"吗？（学生笑）

好，我们来看看作家是怎么写的？作家有没有写出这三个特点来？

（PPT出示）

"雪人：你又白又胖，桔子皮嘴唇真好看。你一定不怕冷，半夜里自己害怕吗？饿了就吃雪吧。咱俩做个好朋友！

"祝愿：新年快乐，心想事成！

"四年级三班李小屹"

师：作者不仅把孩子的特点和孩子的善良写出来了，同时还写出了自己的孤独。哪些句子表现了这些内容？

生："半夜里自己害怕吗？"

生："咱俩做个好朋友！"

师：对，这些句子写得很好。写出了善良，写出了孤独，也写出了一个小学生的特点。那么这个故事接下去该怎么写呢？

大家想想，看到这样一个漂亮的雪人，还有一张贺卡，接下去该怎么写呢？如果你是路人，或是那个很有好奇心的作家，看到雪人，看到有这样一张贺卡，你会怎么做？

生：我会想认识一下这个小男孩。

师：好，你也很有好奇心。我们下面来看看作者是怎么写的？

（PPT出示）

"我寄出也接受过一些贺卡，这张却让人心动。我有点嫉妒雪人，能收到李小屹这么诚挚的关爱。

"我把贺卡放回雪人的襟怀，只露一点小角。回到家，放不下这件事，给李小屹写了一张贺卡，以雪人的名义。我不知这样做对不对，希望不至伤害孩子的感情。"

3. 以雪人的口吻给小朋友写贺卡

师： 你们有没有人像作者一样，想到以雪人的名义给小男孩回贺卡？有没有？（学生摇头）这就是我们写不出好文章的原因。我就不批评了，现在我们来补偿一下，大家以雪人的口气来写一张贺卡。大家想一想，这一回写贺卡有什么要求？首先要以雪人的口气写。还有，这是一张回复的贺卡，前后两张贺卡应该有关联。所以还要写出什么？

生： 要表达谢意。

生： 要写出雪人的祝福。

（学生写贺卡）

师： 我们来交流交流。

生： 亲爱的李小屹，收到你的来信，你善良的心灵让我在这个冬天不再感到寒冷，而我也会在这个冬天默默陪你度过。希望你在这个冬天不再孤独，衷心祝福你永远幸福快乐！

师： 点评一下。

生： 我觉得写得挺好的，挺像雪人的，也写出了雪人的祝福。

师： 这句话中一再提到冬天，为什么？

生： 因为小屹在这个冬天感到很孤独，冬天就代表小屹这份孤独的心情，所以雪人要祝福他。

师： 说得有道理，冬天突出了雪人的环境，也突出了孩子和雪人孤独的心理，所以他们更加需要这份关心和温暖。还有谁来展示一下？

生： 收到你的来信我很开心，我会永远珍藏这封信的，祝你能快乐、健康地成长，永远保持这份善良的心。无聊的时候可以找我聊天，因为我们是好朋友。

师： 点评一下。

生：我觉得写得很好，她写出了这是对小屹信的回复，也写出了想和小屹做好朋友的心理。

师：我请两位男生来展示一下。

（没男生举手）

师：你看这么多男人，一点都不像男人，男人就应该主动，就应该有担当。

（众生笑，一男生举手）

生：亲爱的李小屹，感谢你的来信与关爱，在这个冬天我将不再感到寒冷，非常愿意与你交朋友，希望我们这份友谊能到永远！

师：评点一下。

生：他以雪人的口吻写，也写出了祝福。

生：你好，李小屹！很高兴成为你的朋友，感谢你的关心，希望春天永远不要来，这样我就能永远陪着你。

师：谁来评点？

生：我觉得"春天永远不要来"写得不太好，太悲催了。

生：我觉得应该写"希望你早点找到朋友"，而不是写"春天永远不要来"。

师：是的，友情不像爱情那样是自私的、唯一的，对不对？"希望春天永远不要来"不像善良人说的。雪人也是善良的孩子，它不会因为友情而希望春天不要来，没有了春天，那多可怕。

生：谢谢你的贺卡，李小屹，晚上我也会感到害怕，有你的陪伴我满足极了。你很可爱，我祝你学业进步，永远幸福，也祝你早日找到新朋友，我们一起来享受来年的春光。

师：写得真好，相同的意思用不同的表达。两人写得都很好，但刚才这位同学境界更高了，我觉得比作者写得还要好。我们来看作者是怎么写的。

（PPT出示）

"很高兴收到你的贺卡,在无数个冬天里从来没有人送给我贺卡,你是我的好朋友。祝你永远幸福快乐!"

你看,和我们同学写得差不多。好,我们已经写了两次贺卡了,但我们今天不是学习写贺卡,而是学习写记叙文。

4. 再给雪人写贺卡

师:刚才讲过,写记叙文关键是写故事。作者接下去会怎么写,我们来猜一猜。接下去李小屹还会不会再给雪人写贺卡呢? 认为会的举手。(举手人很少)那么,接下去李小屹不写贺卡了,会干什么呢?

生:我觉得这个孩子会去找这个作者。

生:他可能会带着信一起去陪雪人。

师:找作者? 他知道有个作者吗? 他知道这个作者是谁吗? ——不过,这是一种思路。哦,陪雪人,白天陪着它,晚上也陪着它。这也是一种思路,写文章嘛,可以有许多种不同的思路。那我们先来想想,如果李小屹收到雪人的贺卡后又回了一份贺卡,会怎么写? 我们先想这一种思路,再来思考其他的思路。大家试着再来写贺卡,一定要从故事发展的角度想一想,应该写什么样的内容。

（巡视）很多同学的贺卡写得很快,已经很熟练了,但我们要的不仅仅是写贺卡,而是故事情节的展开。孩子给路边的雪人写贺卡,作者替雪人回写了一份贺卡,孩子收到了雪人的贺卡。接下去还能写什么呢? 还是写"祝你快乐"吗? 我们写记叙文,情节要不断地展开,内容会越来越丰富。好好想想,怎么写才能推动情节的发展? 如果你是这个孩子,雪人给你写了贺卡,你会有什么想法? 你身边的人会有怎么样的反应?

（学生写作）

生：亲爱的雪人，收到你的来信我感到有些意外，但更多的是惊喜。不知道你是否真实存在，但你已经在我心里住下，让我感到这冬天的温暖。

师：写得真好。我看了好几个同学写的贺卡，大多是"我带几个新朋友给你看看"等等内容，没有什么新意。你看她写的"收到你的来信我感到有些意外，但更多的是惊喜"，写出了内心的具体感受，也写出了内心的矛盾。"我不知道你是否真实存在，但你已经在我心中住下，让我感到这冬天的温暖"。立意深刻，写得很好！让我们看看作者是怎样写的。

（PPT出示）

"我收到你的贺卡高兴得跳了起来，咱们不是已经实现神话了吗？但我的同学说这是假的。是假的吗？我爸说这是大人写的。我也觉得你不会写贺卡，大人是谁？十万火急！告诉我！（15个惊叹号）你如果不方便，也可通知我同学，王洋，电话621××10。

"祝愿：万事如意，心想事成！"

师：大家把作者写的和我们同学写的比较一下，觉得谁写得好？

生：我觉得作者写得好，作者写得更贴近孩子的内心。

师：对。现在黄老师问两个问题：哪些同学写到高兴的心情？请举手。

（绝大多数同学举手）

师：哪些同学写到"高兴得跳了起来"？请举手。

（基本没有同学举手）

师：这就是我们的不足。写记叙文，要尽可能多描写，要用具体的表现写出人物心情。我再问：哪些同学写到内心矛盾？请举手。

（大多数同学举手）

师：没有写出内心矛盾的同学要反思。如果是你接到了一个雪人的贺卡，你内心就没有一点矛盾？你身边的人，也不会有不同的态度？

所以，文章即使是想象的内容，也一定要设身处地让自己置身于故事的情境之中，让自己成为你写的那个人物。

不过，我就觉得作者有一点写得不好："祝愿：万事如意，心想事成"。你觉得四年级孩子会这样写吗？有没有同学认为好的？（只有一个女生举手）很多人都认为不好，只有一个女同学认为好，这就是不同之处，发现这不同之处的人就能写出好文章来。你说说看，为什么认为好啊？

生：因为李小屹已经意识到写这封信的可能是一个大人，所以他以大人的语气来写这封贺卡。

师：大家觉得她说得有没有道理？你看，作文就是这样写好的，知道吗？当你写一篇文章的时候，一定要把自己放进去，你们都没进去，她进去了。自己进不了故事就写不出好故事。有没有同学还有什么发现？

生：我觉得"神话"也不好？

师：为什么呢？

生：这不像"神话"。

师：大家觉得有道理吗？

（很多同学点头）

师：我也觉得有道理。神话是发生在神仙之间或者神仙和人之间的故事；童话呢，是发生在孩子之间的故事。对不对？

生：对。

师：那么，我们就替作家修改一下：咱们不是已经实现童话了吗？

5. 推测故事的发展

师： 大家想想后面该怎么写呢？还写贺卡吗？

生： 再写贺卡，故事就会单调，就没有变化了。

师： 那怎么办？

生： 李小屹会来找作者。

师： 他知道作者是谁吗？

生： 他会在雪人周围偷偷看。

师： 有点像警察蹲坑。看到了怎么办？

生： 谢谢他。

师： 谢他什么呢？

生： 使自己不再孤独。

师： 告诉他自己变得坚强了。这个故事就是告诉我们要坚强？

生： 作者会去找李小屹。

师： 作者找到他干什么呢？

生： 作者去告诉孩子真相。

师： 把故事真相告诉孩子好不好？

生： 不好，四年级的孩子是很相信美好的，这样告诉他太残忍了。

师： 本来孩子对一个雪人的故事感觉非常非常的美，现在你找到他告诉他："这贺卡不是雪人写的，是我写的，你不要相信是雪人写的。"好不好？我们来看看作者是怎么写的？

（PPT出示）

"我把贺卡放回去，生出别样心情。李小屹是个相信神话的孩子，多么幸福，我也有过这样的年月。在这场游戏中，我应该小心而且罢手了。尽管李小屹焦急地期待回音。

"就在昨天，星期日的下午，雪人前站着一个孩子，背对着我家的窗。她装束臃肿，胳膊都放不下来了。这必是李小屹，痴痴地站在雪人边上，不时捧雪拍在它身上。雪人桔子皮嘴唇依然鲜艳。"

李小屹可能非常想知道贺卡是谁写的，但作者有没有和她见面呢？

生：没有。

6. 续写故事的结尾

师：接下来，我们再来给这个故事写一个结尾，写写你是怎么理解这个故事的，这故事想要表达什么主题。

（学生写作）

生：看着李小屹落寞的背影，我心生感慨，见面是一个孩子正常的需要，还是宁愿在她心中保持一个神话吧。我默默地走到她面前，撑起一把伞。

生：李小屹待了很久，天色暗了才离开。今天早晨，我走到楼下看到雪人身上放了一张纸片："雪人先生，你是不是已经离开了，明天你还会来吗？我会等你回来。"

生：我并没有走下楼去，我希望李小屹依然能相信雪人是个真实的存在，希望她能一直保持孩童的天真。

生：春天来了，明媚的春光融化了雪人，也融化了那个美丽的童话。那天我看到李小屹站在那一片水旁，朝我家用力地挥了挥手，那一刹那，我以为她找到了我，但那游离的眼神告诉了我，让她永远相信这童话吧。

师：评价一下他们写得好不好有两个标准：首先要符合文章前面所有的内容，不能和前面矛盾；更重要的是，要集中表达一个主题。

我们来看看，"春天来了，明媚的春光融化了雪人"这样写好不好？

（生齐声：不好）对！不太好，太伤感了。她后面写"也融化了那个美丽的童话"，那美丽的童话能不能融化掉？（生：不能）作者文章前面有没有让雪人融化掉？（生：没有）小孩"站在一片水旁"读着心里真是冰凉冰凉的。她朝我家挥挥手，她知不知道"我"家的方向啊？（生：不知道）我们在写文章结尾时特别要当心，有时好文章就是一个结尾写坏的。

下面我们来看看作者是怎么写这个结尾的。

（PPT出示）

"我不忍心让李小屹就这么盼望着，像骗了她，但我更不忍心破坏她的梦，不如让她惊讶着，甚至长大成人后和自己的男友讲自己贺卡的奇遇。一个带有秘密的童年是多么幸福！"

作者写的是不是最好的呢，也不一定。但写出了心中的矛盾：既不忍心骗她，又不忍心说出真相。这样写当然是为主题服务的。李小屹是男孩还是女孩？

生：女孩。

师：从人物安排的角度，男孩好还是女孩好？

生：我觉得写女孩好，因为女孩的心思更细一点，更加脆弱一点，所以才会写出悲伤的，不忍心破坏她的梦的感觉。

师：我很认同这位同学的看法，写女孩好，更利于文章主题的表达，因为女孩子更容易相信这些美丽的童话。文章的最后一句话是"一个带有秘密的童年是多么幸福！"含蓄地表达了主题。我们今天的生活很富裕，但对孩子们来讲最缺少的就是童话和神话，所以使得我们现在很多的孩子写不出美丽的童话来。

但我觉得这个结尾的一句话，有一个词用得不太好。

（学生没有反应）

师："一个带有秘密的童年是多么幸福！"这个故事主要是写一个

"秘密"吗?

生:不是。

师:怎么改呢?

生:一个……

师:从文章看,什么样的童年才是幸福的呢?

生:一个有童话的童年。

师:对,一个相信童话的童年,才是幸福的。

(一生举手,老师示意发言)

生:我想读读我写的结尾:我不敢相信我居然欺骗了一个孩子,看着她心焦的样子,我犹豫要不要走到她跟前解释一下,毕竟这是不好的。但我当走到楼下,突然看见李小屹一蹦一蹦,咧开嘴笑起来,然后跑开了。我想了一想,还是将这故事深深地埋在心里吧。

师:非常好。写出了作者内心的矛盾,写出内心的矛盾是一个很高的要求。为什么"李小屹一蹦一蹦,咧开嘴笑起来,然后跑开了"呢?

生:她自己相信了这个美丽的故事。

师:那就让她永远相信吧!

7. 加标题

师:我们还要做一件事,给文章加题目。记叙文的题目,是对故事内容的概括,也是文章主题的表现,一个好题目能给你的文章加分。

(学生给文章拟题目)

生:藏在雪下的童年。

生:童年的秘密。

生:那年冬天的秘密。

师：有人的题目是"雪人·女孩·我"，还有的题目是"雪人和女孩的故事"。你最喜欢哪一个题目？

题目并不是形式漂亮就好，还要契合故事的内容和主题。这个故事是什么人的故事？（生：雪人）雪人的故事，对，雪人和一个女孩的故事。要不要突出"我"呢？（生：不要）对，不要。"我"在文章中并不重要，而是以雪人的身份出现得多。那么，用"雪人和女孩的故事"做题目好不好？（生：不太好）对，这个题目还是没有体现出故事的特点和主要内容。本文故事的特点不是女孩，甚至也不是雪人。文中这个女孩和雪人的故事，最主要的特点是什么？

生：贺卡。

师：作者的题目是"雪地贺卡"，我们有的同学是"雪人贺卡"。是"雪人贺卡"好，还是"雪地贺卡"好？

生：我觉得"雪地贺卡"好，因为雪人在雪地里，女孩也在雪地里，是发生在雪地里的故事。

师：是的。我一开始读这文章，觉得"雪人贺卡"好，可读了几遍，觉得"雪地贺卡"更好。这贺卡是不是雪人一个人写的？（生：不是）除了雪人还有一个小女孩，而且这"雪地"会让人联想到一个很纯净的世界，给一个童话般的故事提供了一个很好的背景。在童话般的雪地里，有一个雪人，一个小女孩，文章就是写她们之间的故事。这位同学一下子就能品读出"雪地贺卡"这个题目的意境，真了不起。

今天我们一起写了一个故事，学习抓住事物的特别之处，写出背后的故事。大家还要记住，好故事，一半来自生活，一半来自心里。回去的作业，是把这个故事写成另外一个故事，不要再写贺卡，一定会很有意思。

今天的课我们就上到这儿，感谢咱们八（1）班的同学。

（全场鼓掌）

听者思语

（一）

如何唤醒学生沉睡的言说欲求呢? 黄厚江老师的这节作文课, 就是"言语生命动力学"烛照下的一次探索, 它以"与文本共生"的创造性理念, 通过文本阅读这种最为本色的方式, 拨开纷纭繁杂的作文教学乱象, 开启了"我要写"这一作文教学的康庄之途。

黄老师的作文课是围绕《雪地贺卡》的阅读而展开的。黄老师为什么舍得花大力气让学生阅读呢? 我们知道, 阅读和写作表面上各有分工。阅读主要是理解, 是吸收, 是学习现成的知识和经验; 而写作主要是表达, 是倾吐, 更多的是一种创造性的活动。阅读, 是沿波讨源, 披文以入情; 写作, 是意随笔转, 情动而辞发。但实际上, 无论阅读还是写作, 都是情意与言词之间的相互转化, 是主体精神世界与客体知识经验在某一瞬间的交遇。阅读的过程就是唤醒个体的思维情感的过程。从这个意义上说, 阅读是写作的一部分, 或者说是写作的准备。

必须强调的是, 黄老师对阅读文本的选择是精心的。在"与文本共生"这"公开秘密"的背后, 常常为人忽视的是文本的典型性选择。所谓典型性, 在作文教学中, 实质就是文本的适切性, 即文本是否符合学生写作的实际和训练的要求, 这对教师眼光是有考量的。从初中生的写作实际出发, 选择故事性强、有一定意义、篇幅短小的文章是适切的; 从记叙文的文体要求来看, 最好能体现故事叙述的基本元素, 比如描写性细节、对白、紧张感、悬念, 某种程度的问题解决及其普遍的意义。《雪地贺卡》不仅完全符合这样的要求, 而且还体现了中国传统写作的基本范式，即开头娓娓道来，寥寥数语引人入胜；中段通过对话（贺卡）深入展开情节，制造一个又一个悬念，让读者在紧张与期待中乐此不疲；然后在结尾处使问题得到某种程度的解决，并给出了富有意义的完满阐述。约翰·加德纳在《小说的艺术》中写道：每个故事都由三个单元组成：一组描写，一组对白，以及一个行动。正是这些，让人物栩栩如生，令场景生动，使故事像在舞台上展示一样。学生在这样的文本中浸濡，仿佛穿行在杂花生树、满目奇异的丛林中，走出来也是一身芬芳。

值得注意的是，黄老师选择的创写点是十分讲究的。这些点往往是故事起承转合的关键之处，是T.S.艾略特谈到的"处在旋转世界中心的那个静止的点"，有人又把它称之为"悬停时刻"，亦即黄老师所说的"特别之处"。这些"特别之处"包括：雪人身上的贺卡是谁写的呢？写了什么？"我"要不要回贺卡呢？怎么回？小孩看到贺卡会怎么样？又怎么说？"我"还要不要再回信呢？为什么？最后从这个故事中能得到什么深刻的启发呢？这些点常常暗藏着写作的逻辑，即什么地方该写，什么地方不该写；什么地方该写得详些，什么地方该写得略些；为什么这里要这样写，而不是那样写，这些秘密都在其中。古人讲，写文章的理想境界，是"当行则行，当止则止"，那是因为他们的写作逻辑相当成熟，已经内化为一种自觉的意识，外现为一种自动化的行为了。对于写作门外汉来说，还需要老师的有意引导。黄老师选择的"悬停"的点，恰恰就是作者写作过程中用心用力之处，也恰恰是学生学习写作中最易疏漏和迷惑之处。在这些点上经常性地悬停、用力，才能逐渐养成写作的自觉，最终内化为写作能力和素养。

这堂作文课的几次比较都发挥了十分关键的作用。第一次，学生替李小屹给雪人写贺卡，通过创写和原文的比较，明确写话要符合人物的身份，要符合相应的语境，要有童真童趣。第二次，学生替作者给孩子回信。通过比较，明确作家贺卡里的精彩之处是突出了"从来没有人给我送贺卡"的这种温暖，突出想象要新颖独特。第三次，学生再替李小屹给雪人写一张贺卡，强调要写出李小屹又欣喜又怀疑的矛盾心理，从而明确写作要推动情节的发展。第四次，比较创写的结尾与原文结尾的不同，体会原文结尾的简洁性与深刻性，从而明确结尾往往需要点题。最后还有对于题目的比较等等。这些比较的过程，既加深了对原文内容的理解，又暗中优化了学生自身的写作逻辑。学生在自我建构与原文呈现中往复穿梭，比照体悟，原文的立意选材、谋篇布局、遣词造句，作者的生活积累、观察体验、生命感悟、情感态度、价值取向，都在潜移默化地介入学生的思维，学生的写作之线在与作家的写作之线交叉和并行中，不断被促发、被矫正、被牵引，从而穿过一个又一个秘密的写作通道，走向更加自由广阔的写作平台。

（江苏省苏州星海实验中学　罗天涛）

（二）

黄老师的"写出特别之处背后的故事"作文教学课堂，先是给学生展现鲍尔吉·原野《雪地贺卡》的开头部分，让学生思考文章中所写的雪人的特别之处。整节课的主要抓手，便是那个颏下有一张贺卡的雪人，雪人这个特别之物和有贺卡这个特别之处，也成了整节课教学的主要凭借。课堂多次让学生去写贺卡，其实就是教学的主要抓手，为实现整节课的教学目标做支撑。这个选材，独具匠心。首先，中学生写记叙文，寻找一个线索事物或事件来展开情节，是十分常见的写法。教材选文中就很多，萧乾的《枣核》就是抓住枣核这一具体物来写的，那几颗不起眼的枣核就具有了特别之处，它们是作者那位在美国旅居的旧日同窗，不远万里，写"航空信""再三托付"，托"我"从国内带过去的。文章围绕着枣核写了老同窗深切的思乡之情，枣核也成为了文章的线索。另外还有朱自清的《背影》，作者围绕父亲的"背影"，首尾回忆，中间重点叙述描摹，写出自己和父亲的一段往事，表达了自己对父亲思念、感激和愧疚等复杂情愫。黄老师用《雪地贺卡》作为记叙文写作教学的"用件"，能帮助学生解决一个类型的记叙文写作的问题，教会学生选材的技巧，指导学生抓住事物的特别之处来入手，从写作的入门技巧来说，是十分有效且充满智慧的。

抓住事物的特别之处只是写作这类记叙文的第一步，事件才是支撑一篇真正意义上的记叙文的关键，用黄老师的话来说就是，"特别之处后面的故事才是写作的关键所在"，记叙文就是要写出"特别之处"后面的故事来。所以黄老师在教学中，重点带领学生围绕雪人贺卡，引导学生围绕文中的主要人物"我"和小学生，去叙写他们之间发生的故事。带着学生去讨论故事可能的发展，多次询问同学：故事下面还该如何发展？先与学生讨论，然后再指导学生根据讨论得出的要求去写，再交流学生所写内容，老师与学生再予以评说，再展示作者原文，多管齐下，让学生切实置身于写作的真实情境之中，在"写作中学习写作"，以切身体验去感受写作的得与失。也就是说，黄老师所做的不是一般情况下浮光掠影的泛泛指导，或是教师一厢情愿的升格，黄老师所追求的共生，就是在这样的事件展开过程中，通过生生互动、师生交流，更有师生与作者的思维碰撞，得到了生动的体现。

课堂上对学生写作构思的指导，还表现在对文章题目的讨论上。在带领学生叙写出完整的事件后，如何给作文拟一个合适的题目，确实也是记叙文教学的一个重点和难点。黄老师根据学生拟出的题目，并结合原文题目,让学生了解,记叙文的题目可以直接用故事中具有特别之处的物来拟定,比如这篇文章就可以抓住"雪人"和"贺卡"来进行思考。并将多数学生想到的《雪人贺卡》和作者的原题目《雪地贺卡》进行了比较,对学生如何拟题做了卓有成效的教学指导。训练的点是一个题目,实际上包含整篇文章的安排和立意。

故事叙写出来了,并不是写作的目的,写作记叙文的最终追求应该是,要在故事中流露或表现出作者的特别想法,也就是我们常说的主旨。在事件的展开中其实也有主旨的规定性,这也是写作十分重要的一个要求。黄老师在课堂上也特别注意了对写作立意教学的有效引导,对学生构写中出现的偏差也进行了有效的拨正。如有同学说李小屹根本不相信雪人会写贺卡,以为他会认为见鬼了以后,黄老师便及时加以引导,指出这位同学未能像文中李小屹那样保存童心的遗憾,也从行文逻辑的角度带领学生思考,为学生能够围绕文章中心去写作提供了有益的指导。黄老师让学生写出文章最后的一句话,是他利用文章对学生进行写作的立意训练的又一成功做法。文章最后一句话应该是事件本身以外的一句话,其实就是让学生思考文章所要表达的真实想法。尽管有部分同学会根据自己的感受,写出一些略有偏差的结句,但大多数同学还是能从童心和童话等的角度去思考、去拟写。这个环节,对于学生在记叙文写作中准确使用议论性的点睛之笔来揭示中心思想,尤其是对于学生把握事件的内在意蕴,是十分有益的。

(江苏省苏州市立达中学　张广武)

教者思语

　　对写故事的主要意图的落实还不够到位，引导学生想象补充"背后"的故事有时候显得生硬，不够得法。

《一万个人眼中一万种风》
作文评讲课堂实录
——让学生的习作在评讲中"再生"

（课前印发学生习作《一万个人眼中一万种风》的复印件）

师：上课。最近我们连续进行了两次议论文写作的训练。大家对议论文的基本要求已经有了大致的了解。下面请一位同学简述一下议论文的基本特点和基本要求。

生：议论文必须有自己的观点。

师：对，议论文写作的目的是为了说明道理。因此鲜明的观点是议论文的灵魂，也是写议论文的第一个要求。还有吗？

生：议论文要有理有据。

师："摆事实，讲道理"，是议论文的基本特点。那么，什么是议论文的"理"呢？什么是议论文的"据"呢？（指名一女同学）

生：议论文的"据"就是论据。

师：具体说说哪些东西可以做论据。

生：事例、数据、名言……

师：对。这些都是常用的论据。同学们要注意，议论文的"理"，除了全文的中心观点，还有分论点也是"理"，对论据进行分析，也是讲道理，有时候也可以直接通过说理来证明观点。好的，议论文的知识还有很多。我们今天就立足于议论文的基本要求来讨论江亦舟同学的这篇习作。

现在我们先来了解同学们的基本评价。认为这篇习作已经达到议论文的基本要求，能够得70分以上的同学举手。

（学生表决，大多数同学举手。）

师：认为这篇习作没有达到议论文的基本要求，不能得70分以上的同学举手。

（学生表决，少数几个同学举手。）

师：认为这篇习作比较优秀或者十分优秀，能得80分以上的同学举手。

（几个同学举手）

师：好的，我们先请这位同学说说这篇文章的优点。（指名认为能得80分以上的一位同学）

生：这篇习作观点很鲜明，内容很丰富，材料论据很多，而且文笔很潇洒。

师：是，有道理。

（另一位认为能得80分以上的同学举手）

师：有补充吗？

生：他引用了很多诗句。

师：这也是材料丰富，是论据。对，这篇文章的确论据比较充实，而且运用了很多论证方法，有举例子，有引用，还有对比。我们再来听听否定派的意见。（指名一位同学）请你说说为什么不能得70分以上。

生：我认为还不像议论文。

师：那像什么？

生：像散文。

师：啊？说说理由。

生：感觉像。

师：感觉也有道理。哪位帮他说清楚？

（一位否定派举手）

生：我认为主要是观点不鲜明。

（有很多人议论，不服气。）

师：让人家说说理由。

生：我概括不出全文的观点是什么。

师：这话听起来没有道理，其实很有道理。如果读者弄不清楚你的观点，很可能观点不鲜明。那么本文的观点是否鲜明呢？再请打高分的同学说说理由。（指名前面已发言过的一位同学）你说说本文的观点是什么。

生：是文章的题目"一万个人眼中一万种风"。

师：是的。题目表明观点，是提出观点的最基本的方法，而且非常醒目。但仅仅用题目提出观点还不够，还必须全文围绕这个观点去写。那么本文是否围绕这个观点展开呢？有没有不同意见？（没有人举手）没有反应，那请同学们再认真阅读全文，思考这个问题。

（学生再读习作，5分钟左右。）

师：好的。我看同学们已经读完。可以先交流一些想法，看意见是否有分歧。

（同学展开议论）

师：好的。看来还是有分歧的。我们可以分为两个阵营交换意见。先请认为文章是围绕"一万个人眼中一万种风"这个观点展开的同学发表意见。

（一位同学举手，老师示意他发言。）

生：文章标题提出观点，文章开头又进一步明确自己的观点"我相信一万个人眼中一万种风"，然后所举的例子都是不同人眼中不同的风，在倒数第二段又强调了这句话。

师：这位同学的发言很有逻辑性。——其实一次短短的发言，也是一篇议论文，要有理有据。赞同派的同学们有没有补充？没有？那听听另一种声音。

（指名一位发言）

生：我认为，这篇文章中的例子并不是都证明这句话。

师：具体说——

生：比如第三段中的例子，不是这些人眼中的风，而是这些人身上的风。

师：你眼光厉害，看得深刻。接着说——

生：第四段、第五段也不是某个人眼中的风，而是社会的风气。

师：观点对否，我们再讨论，但思维很清晰。其他同学还有补充吗？

（一位同学举手）

师：好，请发言。

生：我们认为，这篇文章中的"风"前后不一致，不是一个概念，作者在偷换概念。

师：你看过逻辑方面的书，对吗？（学生点头）接着说——

生：开头一、二节是自然的风，三、四、五节是社会的风气，六、七两节是文学的风。

师：很有见地，大家都同意他的意见吗？

（很多同学点头，也有些同学犹豫）

师：这位同学提的问题，非常有质量。一个话题，一个概念，常常会有几个甚至很多不同的理解。一般来说，在一篇文章中应该只能是一种理解，否则就是偷换概念或者论题不清楚。如果在一篇文章中有不同意思就必须说明。如果偷换概念或者论题不清楚，那观点就肯定不鲜明了。老师也认为，这篇文章从形式上看，观点是鲜明的，但的确又有含混的地方。但我的理解和刚才发言的同学也有些不同。他提出三种风，自然很有道理，但我觉得第二节和第六节的风，应该是同一个类型，要么都是自然的风，要么都是文学的风。不知同学们怎么理解。当然，这不是关键，甚至无关紧要。我们下面一起来分析作者要表达的思想观点。因为"风"在文章中只是个比喻。要用它来表达什么思想呢? 大家先想一想，"一万个人眼中一万种风"，这句话是什么意思?

生: 是说不同的人对风的态度是不同的。

师: 要这样说风就不是比喻了，还是自然的风。如果这样写，文章的观点也没有什么价值，就像说风有大风、小风，有南风、北风一样。

生: 是说不同的人有不同的追求。

师：似乎更远了。好的，我们请作者自己说说。

生：我的意思是对同一个事物不同的人有不同的态度，对同一个问题不同的人有不同的认识。

师：是仁者见仁、智者见智的意思，很好。这说明他写文章的时候，心中的确还是有一个明确的中心观点的，可惜后来"跟风跑"了。

再看看"人们的思想如同风，可以把人吹向不同的境界"，这个比喻什么意思？

生：人的思想决定了人的境界。

师：非常好，你看问题一向深刻。这是告诫我们要把准人生的风向，对不对？（学生都点头）

那么，第四、第五两段，通过对比要说明什么道理呢？

生：要树立良好的社会风气。

师：说得深一点，就是社会之风靠我们每一个人去树立。文章结尾的"风情"之"风"又是另外的意思了，我们今天就不去管它。好的，现在看来，这篇文章至少隐含了三个不同的观点。接下来，我想让大家做的事情是，如果从三个观点中选择一个作为本文的观点，哪一个比较适宜？

生：第一个。

师：为什么？

生：因为文章中大多数材料能用。

师：具体说说哪些材料可以用。

生：第一段、第二段和第六段的都可以用。

师：很聪明。但大家要注意两个问题：第一个是写议论文，一篇文章都用诗句作为论据不太好。因为诗句是文学的产物，它的理解往往有多向性，尽可能还是用典型的事例和形成共识的名言名句。第二个是单单把材料堆积起来还不行，要对材料进行分类，然后归纳，这样就有了分论点。

不过我觉得，另外两个论点，尤其是第二个论点"要把准人生的风向"也是很有深度、很有新意的。如果以此为论点，你们觉得文章中有没有材料可以用？应该怎么写？不妨再就此讨论讨论。

生：第三、第四、第五节的例子都可以用。

师：第五节的也可以用吗？

生：可以。那些奥运健儿就是把握了人生的风向，而那些不公正的裁判和服用兴奋剂的运动员就是没有把握好人生风向。

师：一开始我以为没有道理，听你一分析，觉得还是有道理的。

生：我觉得刘邦、李白和苏轼的诗句也可以用。

师：你的思维很敏锐。但大家要注意，论据不是万金油，不是同一个论据到处随便涂就行，特别重要的是叙述论据时要把握好重心。比如要以这三个人为例，就不仅仅是引用这些诗句就行的。

其实，就是从"大家一起树立良好的社会风气"这个角度立论，文章中也有不少材料可以用。时间不多，我们就不展开讨论了。

布置一个作业，每人选择一个观点都修改一下这篇文章。好不好？

下课。

听者思语

黄老师这节作文讲评课的最大特点是，将教学目标和教学内容聚焦于议论文如何使观点鲜明这一问题上。上课伊始，黄老师便开宗明义，指出："议论文写作的目的是为了说明道理。因此鲜明的观点是议论文的灵魂，也是写议论文的第一个要求。"突出了本节课教学所要聚焦的重点，然后结合"理"与"据"的关系，带领学生来讨论议论文写作应该如何围绕中心论点展开写作。整节课教学的重心便都放在了这个目标点上，至于议论文写作其他方面诸如结构、方法和语言等等同样很重要的问题，便基本不再关注。这样的聚焦，有助于集中有限的课堂时间来重点解决一个问题，课堂的大多数讨论和学习都是为实现这一目标服务，集中而有力，确保在这节课中使这个问题的解决有所突破。

黄老师这节课的高明之处还在于只选取一篇习作作为教学抓手来开展整堂课的教学。精选的这篇习作《一万个人眼中一万种风》，乍一看确实不错，语言精美，结构清晰，大量引用古诗文，又正反结合评说包拯和和珅等历史人物，再结合现实，褒扬社会中的各种风气，视野开阔，论证方法多样，具有很强的可读性。但细读下来，又确实存在一些问题，比如主概念"风"的定位不够明确，材料与观点的契合不是太紧密等。这样的一篇习作的选取也足以显示教者的教学智慧和教学价值——有许多优点但同时又存在些许不足的有争议的习作容易吸引学生的注意力。正是这争议，使得课堂的讨论学习具有了更大的张力。黄老师在这节课中，正是以这一篇习作为抓手，围绕着教学目标，带领学生去集中评说修改，经历写作过程，形成写作经验，获取相关写作的知识和能力。

黄老师这个教学案例告诉我们，作文讲评课得找准学生的认知原点，知道学生目前的认知情况，根据学情去讲评作文，才能更加有效地带领他们去感受写作并提升写作水平。在这节课一开始，黄老师便以"民意调查"的形式，让全体学生对课堂上所提供的同学习作作出各自的评判，以70分和80分两个不同的得分标准来考察学生对这篇习作的基本看法。这样，学生以自己的认识为出发点形成了不同的阵营，每个学生都确定了自己的基本定位，为接下来的讨论辨析做好了准备，也为学生在交流中的学习提供了条件。课堂上,黄老师充分尊重了学生的不同认识,从他们认识上的差异入手,展开讨论辩驳,极大地激发了学生参与的热情。学生之间的分歧往往是最有价值的教学资源,黄老师正是充分利用了这个资源,鼓励不同见解的学生阐述各自观点,见仁见智,又针锋相对,问题越辩越明。这个论辩的过程,也正是学生思想交互碰撞的过程,加上老师的适当指导,课堂的共生便由此得以实现。

(江苏省苏州市立达中学　张广武)

教者思语

从共生写作的角度看,师生之间、生生之间的共生活动还不够饱满,张力也显得不够;从写作课堂教学的角度看,主要是着眼于写作思维的讨论活动,落实到写的活动还是少了一点。如果前三分之一的内容再压缩一点,后三分之一的内容再展开得充分一点,在课内再突出写的活动或许更好。

附：

一万个人眼中一万种风

微风，是飘然拂过的轻柔；狂风，是黄沙漫地的肆虐；飓风，是拔屋倒树的毁灭。然而风到底是什么样的，我相信一万个人眼中有一万种风。

陶渊明说过："风飘飘而吹衣"，可见在他眼中风是轻柔的，志南和尚吟道："吹面不寒杨柳风"，而一代霸主刘邦则唱道："大风起兮云飞扬"，如此雄浑壮阔。可见不同时代不同身份的人对于风的认识也不尽相同。风在淡泊名利的人眼中是柔柔的，那是他们对于自然的美好向往，而在霸主眼中则截然不同，风显示出的只有刚毅，象征着他们的不屈。

人们的思想如同风，可以把人吹向不同的境界。两袖清风的为官者受到百姓的敬仰，赢得一世清名，就像宋朝的包拯，他可以无愧地说："我的一生只与清风作伴"。还有清朝的纪晓岚也是如此，而在与其同处一个朝代的和珅身上，我们看到的是一股贪污腐败之风，把百姓吹得潦倒，把朝廷吹得腐朽。所以有人说风是清风，有人说风是恶风。

在如今的社会，人们看到的更是一股股形态各异的风。有为开发大西部而兴起的"西进风"，是催人上进的竞争之风。但始终免不了那一股股恶风：经常有某某省长、市长或各方官员因贪污受贿、挪用公款而接受审查等。

在不久前还掀起了一股奥运风，大家看到了运动健儿的奋勇拼搏，为荣誉而战，这是一股美好高尚的风。然而总有那么一股不正当之风掺杂着：裁判的不公正判罚，运动员的兴奋剂丑闻，诸如此类的恶风总是存在的。

因此，要说风到底是什么样的，还是那句话：一万个人眼中有一万种风，就像一万个人眼中有一万个哈姆雷特。李白说："长风破浪会有时，直挂云帆济沧海"，所以风是催人向上的风。苏轼说："我欲乘风归去"，所以风是如此豪放的风。柳永则低吟："杨柳岸，晓风残月"，风又是缠绵婉约的风。因而我想说："无论什么样的风都只是我们各自眼中的风。其实它看不见摸不着，所以也就各异了。我们都只是凭着自己的感觉来感受风，就像我们感受断臂的维纳斯的美一样，并没有一个明确的标准。"

于是，就有不解"风"情之人说："人生自是有情痴，此事无关风与月。"但风毕竟是自然界的尤物，文学家、艺术家的爱物，以及生命中不可缺少的造物。让一万个人保留一万种风吧！

高二（3）班　江亦舟